婚禮現場：
主持人為什麼不早說？

曾令潔　著

將此書獻給

我最愛的母親 ── 孫哲聖

妳一定正驕傲地
在天堂向街坊鄰居炫耀：
「我女兒又會主持，又會寫文章。」

推薦序一

婚禮歌手、歌唱教練、演唱會和聲
黃偉豪

　　我和令潔一直很有緣分。身為虛長她幾歲的學長，我們一路從國小同校到大學，不僅如此，連參加的社團都有許多重疊。小學時雙雙參加相聲組代表學校比賽、被挑選接受朗讀和演講的訓練等等。我想她就是在這時期奠定了紮實的基礎，和舞臺結下不解之緣。

　　或許她的臺風和口才是拜小學老師指導所賜，但幽默感和說故事的能力我猜是與生俱來。這些年我特別喜歡和令潔聊天，她就像個聚寶盆般總有說不完的趣事！不論是隻身遠赴北京冒險，抑或調戲自己的老公，她什麼都能講得栩栩如生，逼得我在一旁驚嘆連連還笑中帶淚。書中一則則高潮迭起的婚禮（鬼）故事便是最好的背書。

　　我自己是音樂人，也兼職婚禮歌手，所以對於這行略知一二，然而一般人難有機會一窺浪漫白紗底下的光怪陸離。能有婚禮主持人第一手和我們分享各對佳人／怨偶鮮為人知的酸甜苦辣實屬難得，而更難得的是令潔穿插其中的情人相處之道，引經據典不說，許多見解都有如當頭棒喝，讓我反思自己的婚姻和人生。

　　不論是做爲茶餘飯後的消遣，抑或是當作幸福婚姻的先修課，此書都值得一讀。若區公所能將其列爲新人簽名畫押前的必讀刊物，或許居高不下的離婚率就能下降幾個百分點。退一萬步講，至少看完此書，你會知道該去哪裡找專業又體貼的婚禮主持人（和歌手）了。祝幸福！

推薦序二

聲音演員

曾允凡

　　我和令潔是在全國語文競賽上相識的。那年我國三、她國二，我們同為臺北市代表隊選手，這個資格可得來不易，得經過校內初賽、縣市複賽，拿到同項目中僅有的一張門票，始能正式迎來決賽，以縣市代表身分出戰來自全國各地的語文好手。對許多莘莘學子而言，這是一份至高榮譽。

　　令潔從國小開始便是即席演講比賽常勝軍。試想，根據隨機抽出的題目在三十分鐘內寫出一篇文稿，並上臺進行四分鐘的演說有多難？

　　很難！備賽過程要掌握的細節多如牛毛，面對浩瀚無垠的題庫，必須上通天文下知地理，懂常識也要瞭時事，上臺才不至於言之無物、胡謅瞎扯，甚或糗到與評判面面相覷。除了必須長期培養產出內容的能力，舞臺表現所需要的嗓音、口條、聲情、臺風、儀容缺一不可，再加上比賽籤運、身心狀態等等，要萬事俱備，才有機會創造亮點、奪得佳績。

　　讀了令潔的文章，我才知道她是個「細節控」。注定要在即席演講比賽發光發熱。

　　同為口說項目，即席演講是我曾經哭著逃離的場域，而無須涉足創作，專注於表現文本情感、音韻之美的朗讀比賽，則是我的命定舞臺。曾有過一次在演說比賽吃驚的痛苦經驗，想當然爾，我對這名來自演說組的戰友崇拜非常，加上同姓氏、以及視同樣幾位藝人為精神指標的緣分，兩人相知相惜之心油然而生。

　　出乎意料地，遠赴臺東征戰的全國賽，我和令潔雙雙鎩羽而歸，然而，並肩走在美麗的東海岸，我們生平第一次看見那片寬廣壯闊，在鹹鹹的海風晚霞中，交換了酸酸甜甜的戀愛心事。賽後幾次魚雁往返，我倆聊的話題除了升學壓力之外，不外乎就是心底的那個他和他了。於是乎，我每每想起令潔，都覺得跟她之間相連的關鍵字是「戀愛」。

　　後來我才知道，令潔這輩子的使命，是結合她對戀愛的憧憬和演說長才，周全顧及每一個幸福的細節，守護廣大的愛情信徒們擁有一段美好回憶。

　　生活的忙碌沖散了我和令潔好些年，再重逢時，我們很幸運地投身在各自熱愛的領域，也有了深刻的戀愛經驗，漸漸體會到，當年薰陶我們的朗讀和演說文本，說的

無非是真實人生中的種種相遇。我們感恩於二十年來能持續在舞臺上或錄音室，在麥克風前，虔誠地讚頌那些觸動我們的喜怒哀樂，渴望藉由自己的傳達，鼓動更多靈魂勇於去愛去相信。

　　說得再多，總有未盡之言，而行動力女神令潔總有解套辦法；在打上第n個人生清單勾勾之後，她孜孜不倦地宣布n+1——以筆代麥，將見證過的動人故事化成文字，在這世界印下足跡。我樂見她被主持耽誤的寫作才華終於迎來初登場，讚嘆於她在婚禮場上的歷練，折服於她對情誼關係的獨到見解，數度為其小惡魔般的誠實口吻笑出聲，同時感謝她為每一則規劃了溫馨好讀的篇幅。

　　無論你是想透過本書「第一次結婚就上手」的準新人，希望習得「掌握婚禮氣氛100種方法」的主持初心者，抑或是單純像我這樣熱中聆聽愛情百味的普通人類，相信都可以透過令潔輕鬆幽默的敘事，從籌辦婚禮的諸多細節中，一窺愛的各種樣貌，品嘗到幸福的閱讀時光，獲得珍惜平凡生活的能量。

推薦序三

卓越新竹行道會牧師

黃玉蘭

　　曾令潔是一個生命中自帶卓越的女人，也是我這輩子所見過最認真的女人。她讀書認真、談戀愛認真、就連生小孩也不落人後，一個接一個！她有非常強大的學習力，廣泛閱讀各類書籍，一本接一本！不斷追求自我成長是她的生命信念，也是她養成很好的生活習慣。她非常自律，從國中開始，就督促自己每天最少要讀一小時英文，雖然沒有出國留學過，但她的語文能力超乎你所能想像。

　　疫情期間，我們一起合作辦過線上異國婚禮，令潔負責主持和同步口譯。從籌備會議、彩排，到當天的妝髮、禮服租借……每個環節，她都非常細心到位，盡可能做到極致，這是我第一次見識到她專業毫不馬虎的工作態度。

　　我也曾因為幫忙做婚輔，受邀參加一場企業家二代的婚禮，當天婚禮的主持人就是令潔；喜宴上有很多臨時需要調整的地方，我看著她隨機應變、從容不迫去回應每個突發狀況；聰慧機靈的反應，應該是令潔從小參加演講比賽，而且喜歡在劇場、說相聲、脫口秀的環境裡所培養出來的能力，臺灣優質雙語婚禮主持人，非她莫屬！

　　每對預備進入婚姻的佳偶，面對婚禮及不確定的未來，都難免有些焦慮不安、手足無措。可能是婚前溝通的挫折、原生家庭的不同、價值觀的衝擊、政治立場的差異、雙方父母的意見、新人有限的經費、生活環境的變遷、對婚禮有不一樣的期待……令潔透過實質經驗，給予新人適當的協調和幫助，真需要極高的智慧和情商。

　　這本書是新人預備心的「婚前幸福手冊」，藉由許多有趣故事和實例，提醒大家謹慎小心，不要掉進情緒陷阱；別因籌備過程的疏忽，失去婚禮的幸福感！這些溫馨提示，實在太重要了！

　　誠實、率直，可能是上帝刻在令潔身上的印記，她常常路見不平，對於虛假零容忍度，所以也特別容易傷心；還好，現在有為她遮風擋雨的信仰和良人。我曾經陪她走過生命的低谷，且真實看見上帝的扶持眷顧；上帝不僅垂聽她想要結婚的禱告，也成全她想要一個家的心願，現在夫妻同心走在蒙福的路上，有子、有女，真「好」。

　　想要遇見幸福、找到真愛，鼓勵好好讀令潔寫的新書，而賜給她無限智慧的生命之書「聖經」，也是很美的「情書」喔！

推薦序四

令潔最帥的老公、地表最強奶爸
衛志鋼

身為令潔的另一半，這兩年我們一同經歷了大寶和二寶出生。寶貝們僅相差一歲，當過父母親的都知道，照顧嫩嬰需要花費非常多精力、時間，更何況，有兩隻嫩嬰！

寶寶好不容易睡著，令潔本可以用來補眠的午後或夜晚，她卻選擇犧牲有限的休息機會，把握時間寫作、潤稿、與出版社溝通。為了呈現最好的作品，看她總是一遍又一遍仔細雕琢文字，連標點符號的使用都查了好多資料、請教國文老師。想當年，我正是被她主持時的專業、專注態度所吸引。（令潔問：不是被我的美貌嗎？）

持之以恆寫一本書很不容易，令潔在創作期間，不僅全職照顧小孩，也接主持活動，甚至生產前一個禮拜還去表演脫口秀！最後能把這本書完成，真替她感到高興！這除了有神隊友（我）的支援，當然也包括她對主持、舞臺表演及寫作的熱愛。

希望大家一起抱著愉快心情，欣賞令潔的嘔心瀝血之作。

自序

我今年35歲，主持資歷25年。

從薇閣國小到臺灣大學，我一直在學校擔任活動司儀、節目主持人；無論短短幾分鐘或長達三、四個小時，只要拿著麥克風，就是高光時刻。很多孩子有自己喜歡、習慣的小被被或小玩偶，是他們的安全感來源；「麥克風」之於我，也成為這樣的溫暖存在。

大學畢業後，曾在不同領域闖蕩多年，只利用週末接主持工作。客觀來說，可以領穩定高薪、享企業福利、擁主管頭銜，早已是人人稱羨的幸運，我卻決定走一條更幸福的路：做自己真正熱愛的事！於是，我正式「轉職」，回到「舒適圈」，以主持人的身分重出江湖。

我今年35歲，戀愛資歷31年。

4歲喜歡一位幼稚園同班同學，因為他自告奮勇吃下我不敢吃的豆皮壽司。很抱歉，雖然升大班我就另結新歡了，但也開始累積各種戀愛／失戀經驗。三折肱為良醫，成長路上我因此時常擔任朋友們的愛情軍師或顧問；婚後，更幾度受託，希望我能傳授經營婚姻的撇步。

　　婚齡不長、結婚次數屈指可數，哪來的資格？不如來分享主持婚禮的故事吧！這十年，我站在第一線，近距離與各樣新人、雙方家庭接觸；婚禮現場，多得是賓客不知道的事，有些充滿趣味、有些溫馨動人、有些異常驚悚、有些忘了也罷（所以沒寫，因爲想不起來）……

　　看了這麼多，逐漸體會出夫妻的相處之道。結婚，固然是兩人愛到最高點的慶賀儀式，但「過好日子」終究比「選好日子」重要；該如何面對籌備期的意見相左、處理婚姻中的衝突和矛盾，兩性專家、心理諮商師各有見解，現在你還多了一個選擇：聽聽婚禮主持人怎麼說。

　　我今年35歲，出版書籍元年。

　　我非常喜歡讀書，覺得這幾乎是穩賺不賠的投資（證券分析師的話，應該具參考價值），幾百塊錢，就能換得作者傾囊相授；反觀出書，在閱讀風氣缺乏的時代，似乎不太明智。但若因著本書的小故事或敝人淺見，能讓朋友們離幸福更近，那就代表這件事做對了。

　　主持、寫作是我的最愛，《婚禮現場：主持人爲什麼不早說？》爲兩者之結晶，當然有 200%熱情投入其中。再次感謝先生志鋼、兒子大福、女兒愛，謝謝你們陪伴、成全我的夢想，感謝薇閣師長們的教育和栽培，感謝最帥老爸、永遠最美媽咪給我的所有，感謝上帝。

比這張漂亮的工作照很多，但這張是老公拍的，而且兒子在肚子裡。

給寶貝大福 & 愛。

媽媽非常非常用心寫這本書，
希望你們讀了之後更加幸福。

愛你們的媽媽
2023.09.

目錄

01
令潔開場

　　何其幸運，身爲一位婚禮主持人，我總能站在現場特別清楚的位置，迎接一對佳偶走進這座城；那是神奇的視角，我稱之爲「與愛情最近的距離」。

　　他們無論步伐緩慢還是輕盈、綻放笑靨或者激動落淚，都是最美的樣子；從此以後，這兩人會走向什麼未來，我不知道，但如果可以，我希望提醒他們永遠記得今天的感動，別在意左右投來的眼光，繼續緊緊牽著手，幸福地同步前進。

02 請您入席

　　婚禮排賓客座位是一件很有學問的事。

　　長輩要坐在前面，平輩要坐在後面；爸爸媽媽的朋友不能被塞進角落，可是走道兩邊又需要能鼓譟的年輕人炒熱氣氛；她堅持不跟綠茶婊的她坐一起；他希望桌花夠大，擋住前女友和妻子的眼神交會；她帶了兩位四歲以下的孩子來，必須方便出入會場；他答應攜伴出席卻在前一天猶豫……

　　超過10桌的婚宴，絕對難以精準地將每位賓客安置妥當；他遇見昔日兄弟，就順勢拿起酒杯到那桌坐了下來；她記錯時間日期，看見朋友圈動態照片已趕不上最快的班機。

　　「我坐在哪桌啊？」
　　「誰跟我一桌啊？」
　　「蛤～我不想跟那個人同桌啦！」
　　「拜託可以讓我跟漂亮的伴娘坐一起嗎？」

　　婚禮前，新郎、新娘已經忙到焦頭爛額，還是不免俗要處理幾位「觀眾」的問題。

考慮抽抽樂嗎？

抵達宴會廳的時候抽出自己今天的位子，哪桌哪號，乖乖坐好。

我想過這樣，但朋友說若搞得這麼驚悚他就不來了；同事抱怨要是抽到邊疆地帶，手機完全拍不出新娘的美；爸爸也擔心萬一現年72歲的當兵同袍抽到我剛過3歲生日的外甥女，這頓飯敘個啥舊呢？看來「單純爲了給新人祝福」而參加喜宴的賓客寥寥無幾。

婚禮現場，招待已經揮汗如雨，還是不知道爲什麼「高中同學」那桌會多出兩個人；情急之下，只好匆匆開了預備桌；最終，預備桌只坐了一對夫妻外加一隻一歲寶寶，一家三口享受十人份的菜。

「有沒有人要打包？」、「雞湯有誰要帶回家？」、「蛋塔噢！蛋塔你們拿回去給小朋友吃！」送客時，總召在門口幫忙分配沒用完的餐點，成功把五星級飯店演繹成夜市叫賣現場。

如果在每個座位上放置賓客名牌，不就省事多了嗎？似乎如此，但有些人覺得這樣太過拘謹；何況，偷偷換名牌的也大有人在，還暗自竊喜這是提早到達的獎勵。

　　「不好意思，因爲人數問題，我可以把你安排在男方親戚那桌嗎？」

　　「當然可以！你安排我坐哪，我就坐哪！你希望我一人還是兩人或三人參加，我都全力配合！沒位子給我也沒關係！至少紅包一定會到！」這是我聽過最貼心的回應；從那之後，如果被問及類似問題，我也比照辦理。

　　尤其結過婚、辦過喜宴的人，肯定知道這過程中有多少繁瑣事要準備；讓新人省心，就是我們能獻上的第一份祝福。

　　不過，今天特例！你想坐著、站著、躺著、趴著、蹲著都行，找一個你覺得最自在舒服的位置，讓我們用最熱情溫暖的掌聲，歡迎30對新人進場。

03 主持序幕

「He proposed.」在東區小酒館，芯芯看著我，靜靜地說出這句。

等一下，求婚就求婚，幹嘛講英文？

不知道哪來的共識，每次大家求婚成功，都會寫「She said Yes！」奇怪，明明她是用中文答應的，可到了要公開的時候，這些人彷彿都內建翻譯年糕，一定要用英文才政治正確，為什麼不寫「她說願意！」仍然是一個謎。

但觀眾們也是很配合的，聽到芯芯說她被求婚，我睜大眼睛興奮地尖叫，然後哭了。

畢竟那是我第一次感受到結婚離我這麼近；搞笑的是，新娘並不是我。原來電影和電視劇裡演的那種閨蜜陪妳笑、陪妳哭的情境，此生我也有機會體驗到，算是給當時感情不順的我一種安慰補償吧！

芯芯是我小學、初中、高中、大學的學姐，她在大家眼中是女神級人物，成績總是全校第一名，毫無懸念地考上了臺大財金系。我們從小學就成為好朋友，一位六年級

小朋友和一位五年級小朋友開始給對方寫信；爲了符合芯芯的氣質，我們多數時間寫的都是有關愛情的詩；說來慚愧，她文筆之好，以致當年我有部分內容都去偷抄歌詞。

芯芯一直是學長學弟們傾慕的對象；在她旁邊，我的角色偏向搞笑擔當，但我跟女神也有個共同點：我們從小學到高中都在學校擔任司儀、各種典禮或晚會的主持人。舞臺上，我們反應快、口條流暢、應對進退得宜；走下舞臺，她還是氣質滿點，我則愛嬉皮笑臉搞怪，市場完全不同；這大概也是友誼得以維持25年之久的關鍵原因。

芯芯的第一任男友是位富二代，在臺灣曾經是天天上新聞頭條的家庭，男方出國唸書後兩人的關係昇華成家人；第二任男友是臺大法律系的學長，人帥又聰明但感覺有點陰沉，直到他劈腿另一位同學我才知道他不是天蠍座；第三任男友是財金系同學，從朋友走到情人花了三年時間，接著發現原來啊，若眞適合當情人，不可能需要三年察覺。

根據統計，人常常會和自己的第四任交往對象結婚。

我在皇城根腳下談戀愛的時候，芯芯也參加了交流團準備啟程北京；出發前，她問我北京冷嗎？回臺後，她問我：「妳認識程唯翔嗎？」

　　相知超過十載的姐妹，不需要廢話，一個問句就講完
所有的故事。

　　她在這次的兩岸交流團認識了唯翔。嗯哼。

　　我搭過程唯翔的BMW汽車，他是美國Johns Hopkins
大學的高材生，畢業後回臺灣我們碰巧在世界展望會的活
動認識，發現身邊的朋友群可以連成一個圈圈。他人脈
廣，政界、商界、甚至藝能界都熟；認識兩年，他一直單
身，也從來沒有阿里不達的緋聞，謙和客氣、與異性保持
禮貌距離，我差點以爲他喜歡的是男人。

　　「噢！我怎麼沒想過呢！」他和芯芯這般天造地設的
一對，火速戀愛，甚至交往不到一年就在日月潭的星級酒
店決定結婚。唯翔總說如果我早兩年把芯芯介紹給他，現
在他們孩子都一打了；這數學太高科技了我算不出來，但
兩位智商150的沒爲難我；雖然在程先生伉儷的相識上無作
爲，他們依然邀請我當他們婚禮的主持人。

　　2013年，我拿起麥克風，在眾星雲集的宴客現場擔綱
引言這要角，從此開啟了我的婚禮主持之路。

　　芯芯是個嚴謹的人，所以我爲主持寫了逐字稿。這次
就眞沒抄歌詞了，我想，身爲一位閨蜜兼主持人，肯定得
把他們有多好、多優秀都講出來；在這樣的大日子，誰不

想風風光光呢？何況要誇讚他們太容易了，發自肺腑，甚至無須動腦。

我問芯芯，唯翔有沒有什麼特別希望讓人知道的優點或才華？「六塊腹肌。」芯芯沒有開玩笑；這件事我還眞沒聽說過，而且聽到的當下心頭仍是羨慕地一震，雖然餓的時候，這六塊也不能拿來充飢。

除了腹肌這段，其餘時間我多半是哽咽主持完的，「好友致詞」環節我甚至直接在舞臺上邊講邊哭，哭到眼睛模糊，隱形眼鏡差點掉下來；所幸從小到大在學校接受的主持訓練與臨危不亂的表達，讓我不至於顯得過分失態。

這幾乎是我唯一一次在主持婚禮時流這麼多淚；本來以爲是經驗不足，直到十年後的今日，我才知道那淚水包含的不單是見證好友幸福的喜極而泣，還有對比自身戀情不被周遭親友祝福的悲哀。

「程爸，恭喜您們！唯翔跟芯芯眞是門當戶對！」唯翔的父親是一位耳鼻喉科醫生，他代表主婚人致詞的時候，大力讚美兒子能娶到這樣的兒媳婦實在有福氣；我趁著敬酒時間，再度前去道賀。

「妳以後一定也會嫁得很好！」程爸拍了拍我的肩膀，堅定地對我說。他明明在唯翔和芯芯登記結婚那天見

過我的男朋友，這天卻仍不經意地向我介紹了另一位醫生之子——唯翔的堂哥。

　　能怎樣呢？為了一段感情，都已經在家裡掀起革命，難道這夜的長輩說媒就可以改寫命運嗎？當然不能。未來的幾年，我偶爾想起程爸的話，不知道是見過世面的大人總能看得更遠，還是我其實默默將這隨口一提放進了我的念想？

04
門當戶對

門當戶對真的那麼重要嗎？

「非常重要！」好友胖仔說。

在信義區的高檔日本料理吃午餐的時候，我向他發問。問他是最準的了！因為胖仔含著金湯匙出生，30歲就接了知名品牌的負責人，那是他的家族事業。胖仔身高還正好190公分不多不少，長得帥不帥不重要，一個人同時具備有錢、有才，他就算帥了。

「為什麼？沒錢的說不定個性很好啊！」那時候我已經在經歷一場風暴後恢復單身，胖仔也好不容易脫離那個恐怖情人女明星；我不是沒想過和他發展的可能，但當兩人陪伴彼此走過太多次鬼打牆的療傷歷程，就只會祝願對方真的找到幸福快樂。

「個性好不好不是重點！當我每天在操煩企業經營的問題時，如果她什麼都不懂，長遠而言，能溝通的事情是有限的；她可能很難想像我出門帶的那只皮箱裡，是要請上面協助標案的五百萬現金。」

「竟然還有這種事！」好吧！我跟胖仔此生無緣成爲伴侶了，那只皮箱裡裝的彷彿是鬼故事。

「是價值觀的問題！生活背景不同，金錢觀、世界觀、人生觀不同；不然妳以爲我爲什麼不跟那些小模在一起？長得漂亮、身材又好、又乖又聽話，可是然後呢？」

「那些小模都很醜，好嗎！」

「妳不要用一種羨慕嫉妒恨的語氣。」

胖仔跟瘋子女明星分手，我還眞是鬆了一口氣；雖然他的前幾任也都有不同的人格障礙，但女明星自導自演還偷偷發消息給狗仔，讓兩人的第一次出國旅行被周刊大大曝光，幾位朋友看不下去，害怕胖仔的幾千億身家遲早會被掏空。

在我們談話的兩個月後，胖仔求婚的消息轟動得撲天蓋地。媽媽樂，胖仔娶了誰啊？我竟一無所知！幸好，胖仔的未婚妻也是維基百科能搜尋到的人名：精品業的千金，是與他門當戶對的家族企業接班人。

他們年紀相差八歲──胖仔比未婚妻小八歲，但奇妙的是千金小姐看起來就是年輕，小模該有的外貌她一樣沒少；明明每個人都擁有24小時，她卻有時間兼顧運動（經

常跑馬拉松）、音樂（會大提琴及單簧管）、在國外修了經濟和心理雙碩士，還曾經「離家出走」到偏鄉地區當了一年志工，這樣的「叛逆」使她多次被訪問。

以上都是我從Google得到的資訊。

「嗨！」胖仔某天早晨傳了一個字給我；自從婚禮主持成為我的正職，這種「嗨」就是我每季固定會從各時期朋友、同學收到的問候。

「妳有把握能主持好我的婚禮嗎？」胖仔的嗨，不是告知婚訊、不是詢問檔期，活像老闆交辦任務。

「當然。」那時我主持過的婚禮早已超過百場；這場的挑戰是即席中英語口譯，因為胖仔和胖仔夫人都在歐美唸過書，賓客很多外國友人。縱然雙語主持本來就是我的強項，但得知副總統也會出席並上臺致詞，有一家媒體甚至會在網路上全程轉播，真的比主持元旦典禮還緊張。

有錢人的大事通常只有兩種極端：很低調簡單或是高調奢華。從整條走廊媲美奧斯卡紅毯的閃爍霓虹，和場內架起的水晶舞臺可以看出，他們明顯選了後者。胖仔為這場婚禮砸了超過千萬臺幣，席開六十桌；我跟胖仔說他應該要把最大部分的花費留在聘請主持人，畢竟隨便一句失言就可以使鈔票堆成的炫麗付之一炬。

「我會用錢砸妳的！」

婚禮前兩週，我每天只需要更新他們的流程表、熟記他們提供的資料，就可以從白天忙到黑夜了；那些必須提及的訊息，包括他們分別會幾國語言，以及伴郎、伴娘的學歷。

「伴郎Michael畢業於HEC（巴黎高等商學院），HEC我是要唸『欸娶・衣・西』還是全名啊？」我打電話向嫁給HEC老公的鴨鴨求救。

「就講Hautes études commerciales de Paris吧？連妳都不知道HEC是什麼了，別指望其他人能聽懂。但，有必要提及HEC嗎？」鴨鴨問。

「如果妳的婚禮不是辦給自己看的，就有必要了。」

「他們是企業聯姻？還是懷孕了？」鴨鴨定居法國，依然維持臺灣的八卦水平。

「他們是真心相愛。」身爲專業主持人，我的敬業程度肯定是自始至終。

05
婚前試車

　　因爲懷孕就急忙辦婚禮的，確實大有人在；喜的是，他們至少願意爲尚未出世的生命負起責任；悲的是，當感情基礎不夠，無辜的孩子可能會成爲犧牲者，或是父母一生埋怨的出氣筒。

　　現代社會風氣下，年輕人人多覺得婚前性行爲is not a big deal，只把它當成一種證明相愛的儀式，有性福才有幸福，婚前總得「試試看」，否則婚後才發現不合怎麼辦？

　　25歲的小妹妹，周旋在多位男同事之間，上床對她而言，就像喝水一樣平常。

　　「交往期間，發現對方有性交障礙，妳會分手嗎？」
　　「會！先知道哪些地方不合，就知道要不要結婚。」
　　「像是什麼地方？」
　　「如果他會抽煙，我就不可能嫁。」
　　「還有呢？」
　　「還有有些把家裡弄得太亂的，也不行。」
　　「如果他以前不抽煙，也很愛乾淨，但結婚後，工作壓力太大開始抽煙，也沒心思整理家裡了，妳離婚嗎？」

「噢……嗯……就……等遇到再說吧！」

人不可能在交往過程就「試」過所有問題，以前明明都相處很好，後來也可能有新的挑戰；因爲時空、性格、角色，永遠會變動，生命的各種經歷塑造我們，調整我們的思想、行爲、態度。

你愛上樂觀的她，婚後她得憂鬱症天天以淚洗面，是你未曾試過的，你離婚嗎？

妳愛上有錢的他，婚後他生意大失敗，宣告破產，是妳未曾試過的，妳離婚嗎？

藉著必須先「試試看」而把婚前性行爲合理化，在我看來是蒼白無力的；這麼說，不是爲了打臉99％的讀者，只是看過太多例子，得不到「婚前性本善」的結論。

你和一個人睡了，後來你甩了他：事後想起這些鬼都覺得噁心，不解怎麼這樣飢不擇食？

你和一個人睡了，後來他甩了你：事後想起這些事就感到懊悔，我竟把身體獻給了這渣？

你和一個人睡了，後來你們結婚：既然會跟這個人結婚，當初再等一下會怎麼樣？如果你們沒有步入婚姻，當

你遇見下一任的時候，這次達陣記錄就可能是新戀情的爭執點。

很多人遇到的情況是：身體上的連結切不斷，有些明知道錯誤的情感卻因此無法割捨，反正吵架、吵架、床上和好是基本流程，直到吵架、吵架、有一人堅決不想在床上和好，這種循環才會結束，我說的是「堅決」。

31歲時，我決定做一個實驗：「不跟交往的男友袒裎相見，直到結婚。」

欸對，這實驗和聖經並沒有關係（當年本人甚至連一遍聖經都沒有讀過），但我知道這件事風險極低，因為我不會失去什麼。

「妳可能會失去一個有機會跟妳廝守終身的好男人啊！」、「這樣戀情不會超過三個月啦！妳會被甩掉！」肉食主義的朋友紛紛勸說。

「婚前在身體上都不能尊重我的意志，就能託付終身嗎？」話是這麼說，還是很害怕，怕自己先按捺不住，畢竟30歲女人真的不比男人安全。

後來這個實驗算是成功了，因為我立志後只交了一個男友；交往十個月，他正式把我娶回家。

「妳眞的很勇敢！都沒想過萬一他根本性冷感或不舉怎麼辦！」法國鴨鴨從半年前的憂心走到了今天的佩服。

「就算如此我也還是愛他。婚姻是這樣：你必須『定意』去愛，這是一個選擇，不是一種感覺。」

「愛就是感覺啊！」鴨鴨不明白。

「『你願意無論生老病死、富貴或貧窮，都一生愛他、陪伴他嗎？』『我感覺我願意。』」

「服了！眞服了！我親愛的婚禮主持人，妳有做售後服務嗎？請贈送我十堂婚姻輔導課。」

「我感覺我不願意。」

06
藍綠親家

2013年初，我只主持朋友的婚禮，但朋友總會有朋友，而朋友的朋友也有朋友，口耳相傳，半年後就接到第一對陌生人的主持邀請；皓皓和雯雯趕著要兩週後結婚。

他們跟我見面，是約在雯雯的家裡。

雯雯的家有個馬英九的Q版人偶娃娃，選舉前的造勢晚會上買的；他們家的客廳電視牆旁邊，擺放的居然不是全家福照片，而是五五身的小馬哥。

「哇！那是馬英九嗎？」等皓皓下班等了一個小時，雯雯把他們相識、相愛的過程講述完畢，成長、求學、工作經歷也分享告一段落，我只好開始關心他們家中擺設。

「噢！對呀！我們家都是馬迷！但等一下皓皓回來，千萬不能提到馬英九噢！他和他爸媽超綠的！我們講到馬英九很好，他都會生氣。」雯雯笑著叮嚀我。

在藍綠對立的社會，深綠民眾和深藍民眾能結為親家，也算奇觀。

　　皓皓和雯雯是幼稚園同學，但兩人早已不復記憶，直到在交友軟體上認識，才聊出了這神奇的巧合。雯雯說他們同星座、同血型、同一所幼稚園，這些共通點讓他們很快墜入愛河，但結婚決定得相對倉促，才交往三個月，爸媽就希望孩子們早點完成終身大事。

　　皓皓回到家，大家終於開始討論婚禮細節，雯雯說她第二次入場的時候，想要和姐妹們邊跳舞邊進宴會廳，畢竟從高中開始，她們就是熱舞社的四仙女；這年頭，不把婚禮搞得像才藝發表會實在說不過去。

　　「妳不可以跳舞！妳跳什麼舞啊！很危險欸！」皓皓嚴厲地駁回這項提議。
　　「我為什麼不能跳舞？我可以穿球鞋嘛！」雯雯瞪了皓皓一眼。

　　如果是懷孕初期，踩高跟鞋的確辛苦，跳舞雖然是雯雯的最愛，但避開各種風險也許更好？他們才交往三個月就趕著結婚，腹中胎兒了不起兩個月大？也難怪皓皓急著否決……不過在他們沒有親口證實之前，我會當作啥都不知道。

　　「這不是球鞋的問題！反正妳不可以跳舞，我不想要妳跳舞！而且沒有時間練了！」
　　「三仙女會編舞，我還是可以忙其他事。」

「這跟編舞沒關係！」
「那跟什麼有關係？」

藍綠辯論總是那麼精彩，搞不懂邏輯、聽不出核心價值、達不到共識。

「主持人，借一步說話好嗎？」他們安靜了30秒，我低頭滑手機裝忙，皓皓打破沉默。

皓皓拉我走到另一個房間，雯雯沒理他，他隨即將房門關上，嚇死我的毛。

孤男寡女共處一室真的太可怕了！而且沒搞錯吧？！這可是你未婚妻的家裡啊！從那一刻起，要結婚的新人找我談事情，我絕對約在公共場所，否則錢沒收到，連小命也不保。

「主持人，幫個忙，叫她別跳舞吧！」皓皓鄭重拜託。
「嗯……為什麼你不希望她跳舞呢？是因為她……」
「因為我想唱歌。」
「……你想唱歌？」
「我的夢想就是能在婚禮唱歌，我不是真的很厲害的那種啦！可是我參加《超級偶像》海選時，被黃國倫誇讚過很有潛力，第二次進場我就是想唱歌。」

雖然不太想在這密閉空間看他的眼睛，但我發現他好像是認眞的……

他想唱歌……
他想唱歌……
他想唱歌……

？？？我到底聽了什麼？？？

「嗯……如果她先跟仙女們跳舞進場，走到定點，站在紅毯上等你，你再一個人唱歌進場，怎麼樣？」

「欸？！那也行！就這麼辦！」

密室對話就這樣結束了。雯雯得知自己能跳舞進場非常開心，她不太在乎剛才房間裡到底發生什麼事，甚至還對我表達感激；這對同星座、同血型的小倆口確實很像，他們都關心自己更甚於關心對方。

所幸最後這場婚禮辦得很順利，勁歌熱舞樣樣有；當雯雯爸爸將女兒的手交給皓皓時，皓皓還哭了，哭得比雯雯更兇猛。

眼淚眞是很有意思，快樂會流淚（老婆好美）、傷心會流淚（對不起吾黨）、感動會流淚（我也有人要啊），

如釋重負也會流淚（好險可以唱歌）；觀眾帶入自己的情感，熱烈鼓掌。

　　幾年後，雯雯的弟弟結婚，想找我主持，我們相約速食店。

　　「妳最近有跟我姐姐聊天嗎？」小豪問我。
　　「沒有耶！但我常看到她po她和兒子的照片噢！」
　　「其實我姐跟我姐夫……他們現在沒有在一起。」
　　「我知道你姐姐現在住臺中，因為開了連鎖餐廳。」
　　「我姐跟姐大分居了。」
　　「啊……這樣啊……」

　　難怪照片都只有她和兒子！不知情的人還以為她只是愛小孩多於老公而已。

　　「他們婚後一直吵架，大事也吵、小事也吵，我姐夫就連看到婚禮宴客的照片，發現他的領帶歪了，也生氣說我姐沒提醒他，覺得我姐很自私……」

　　「我只記得他感動得哭了……不記得他的領帶……」

　　「只有他自己覺得！然後11月不是縣市長選舉嗎？朱立倫當選後，我姐夫就火大說他不想再看到任何一個國民黨的人……我姐也發飆……一氣之下，他們就離婚了。」

　　等一下！現在說的是離婚嗎？

　　「他們不是分居而已嗎？」

　　「噢！那時是離婚了，簽字了，可是辦完手續沒多久，我姐就發現自己懷孕了，所以又去登記結婚，只是仍然分居，冷靜中……」

　　「我一直以為他們宴客的時候，妳姐就懷孕了！因為他們辦喜宴辦得很趕……」

　　「才沒有！未婚懷孕會被我爸打斷腿的！辦得很趕是因為爸媽拿他們的生辰八字去算命，算命老師說如果那個月不結，就必須要等三年後才可以結，否則會離婚……」

　　算命老師，我比較想打斷你的腿。

07
命中注定

　　我始終不能理解為什麼臺灣人對算命那麼著迷，是覺得自己在世上渺小、卑微，才想努力抓住一點命運的掌控權嗎？紫微斗數、八字、星座、風水……寧可信其有的共識，某些時候反而限制了生命的自由。

　　啊！你是卯時出生！多注意身體，冬天要常喝溫水！
　　啊！你是金牛座！這週跟同事說話小心！別亂動怒！
　　啊！你屬虎！今年記得買條紅內褲！紅襪子也可以！
　　啊！你的床擺在這兒！你真想生小孩就換個方向吧！

　　小時候我也去算過命，算命師說我：
　　一、這輩子都會唸私立學校
　　二、31歲會嫁給一位公務員

　　我小學、初中，都是唸私立學校，考高中的時候，很猶豫要繼續直升還是外考北一女，最後仍選擇了非常重視英語教育的私立學校。回頭看這個決定是正確的，否則後來的我也不可能有那麼多主持國際晚宴的機會，但這決定又能讓算命老師得意了，想到就氣。

升大學的時候，再次來到命運的交叉路口，臺灣排名前面的大學都是公立的：臺大、政大、師大……心中默默恐懼，雖然以全校第一名的成績畢業，但如果進不了前三志願，難道我這一生都得依靠別人的一張嘴來成就了？

啊！沒準算命老師說的是哈佛或哥倫比亞大學呢？想到這裡，我突然鬆了一口氣，抱著這種樂觀精神，順利考上臺大！齁齁齁！那被喻為先知、位於深山還門庭若市的臺，已經被我拆一半囉！

30歲那年，我在生日前兩天飛往北京，一方面是為了參加青梅竹馬的婚禮，另一方面，還想回去尋找那段逝去的戀情。

一下飛機就收到「對不起，我已經有新的感情了」的回覆短信，曾經是那麼熟悉的地方，現在卻留我一個人躺在陌生的酒店房間哭泣……

……揉揉眼睛……明天還要早起參加婚禮呢！唉！早知道就不來了！有一習俗是新婚四個月內的人，不能去參加喜宴，我覺得應該改成失戀四個月內不能出席任何婚禮，才合乎邏輯。

我的青梅竹馬娶了一位北京姑娘，他們選在520宴客，討個甜蜜吉利。

　　除非對自己的顏值極度自信，否則一般人是不會讓帥哥、美女當伴郎伴娘的；我這青梅竹馬身高186公分，長得很像高以翔，所以他敢找一位長得像黃曉明、身高182的伴郎，也沒什麼毛病。

　　我先說噢！黃曉明真不是我的菜，雖然我知道那種長相、身材會令很多女性著迷，但我在公開場合比較習慣和長相安全的人說話，所以儘量不與他四目相交。

　　正當我跟一位同為臺灣飛去的男生聊天時，那個黃曉明走了過來。

　　「唉呀！我也想認識臺灣的漂亮小姐姐！妳好，我是曉明。」黃曉明伸出了手，他的名字應該不是曉明，但我沒聽清。

　　「你好，我是令潔，我是新郎的髮小（註：青梅竹馬）。」初見面的肢體接觸，竟有股溫暖電流，他笑了，我笑了。

　　這場婚禮辦在太陽宮的玫瑰園，有陽光、有花香、有春天。我的30歲生日是在異地過的，但午夜十二點起算的60個小時，都不是孤單一人，後海飄著絲絲細雨，為而立之年寫了第一曲浪漫。

「你這樣每天不上班都沒關係嗎？」

「沒事，陪妳重要。」

「你是做什麼工作？」

「我是公務員。」

　　濃情蜜意的三個晚上，看似轟轟烈烈實錘了明年出嫁的可能；「浮世三千，吾愛有三。日、月與卿。日爲朝，月爲暮，卿爲朝朝暮暮。」我回臺灣的第二天，收到如此振奮人心的短信，但之後不到兩個月，卻把熱映中的文藝片演成了懸疑片，男主角發了一個擁抱圖案之後再沒回過訊息，生死未卜，其實觀衆們都知道他還活得好好的。31歲結婚的預言頓時變得遙不可及，從此以後，《還珠格格3》我最討厭的人物變成蕭劍。（註：黃曉明飾演）

08
愛的語言

　　所以啊！比起參加婚禮，我更喜歡主持婚禮，不必跟現場賓客找話題、不會被伴郎搭訕、不用迷失在粉紅泡泡的氛圍，產生「下一個是我嗎？」的幻想。

　　小武是一位高中的化學老師，在皓皓和雯雯的婚禮上，他有去跟主持人攀談幾句，但主持人忙碌到絲毫沒印象，聽說回應也頗為敷衍（我很認真工作！沒空聊天啦！），小武只好開啟專業社交模式，與發喜餅的姑娘小靜互加LINE，兩年後，小武和小靜步入結婚禮堂。

　　他們是截然不同的類型，小武外向、陽光、一米八；小靜靦腆、害羞、個子嬌小，兩人足足有25公分的距離。

　　至今我仍不確定「互補」還是「相似」更適合走一輩子，畢竟有時候，想找個能陪自己一起瘋狂的伴；有時又希望有一雙手，可以偶爾把自己抓進沒體驗過的新世界。

　　小武在學校是一位非常受學生歡迎的老師，因為他講課過程，會突然唱起鍾漢良的〈OREA〉，帶舞蹈的那種。18歲孩子們不知道鍾漢良是何方神聖，但對老師的崇拜和對元素週期表的熱情與日俱增。

放學了，還有小女生傳訊息想請教老師易燃易爆炸的問題，讓小靜缺乏安全感，聽說小靜爲此和小武吵了一次架。男人的耐心＋風趣，是當初吸引她的理由，如今卻成爲思考要不要繼續走下去的導火線，兩人因此開始了一段冷靜期。

小武沒有跟小女生發展。退一萬步說，哪怕小靜批准，小武都沒那個膽拿自己的教師生涯開玩笑。經過幾次談話，小靜竟是瘋了似地想復合，甚至打電話到處求助：像小武這樣個性的人，怎樣的表白方式最能感動他、重燃愛火？

♥

他們又恢復往日的甜蜜。

婚禮上，新郎小武進場時耍帥模仿Michael Jackson月球漫步，在定點轉了一個圈才定格，引起衆賓客興奮地鬼吼鬼叫。

第二次進場，他們播放了一段成長影片，還包括小武高中時期預錄給未來老婆的一段話：「老婆～妳很lucky嫁給我噢！因爲我是小武——臺南金城武！哈哈哈哈哈哈！祝我們永遠幸福！」臺南除了億載金城，還有金城武，而且

18歲就在為結婚做準備，相當高瞻遠矚！但願他的女學生們目光短淺，否則我也要站在小靜那邊了。

當我在臺上宣布今晚邀請的神祕歌手是小武時，全場燈暗，一支spotlight聚焦新郎身上。唰～〈I'm Yours〉吉他旋律，是小武苦練多時的成果，他自彈自唱一遍主歌副歌，才走到門前迎接新娘；走紅毯的過程，小武把現場氣氛帶到最高點，仿若個人演唱會那樣歡樂搞笑；小靜則是被他牽著手，嬌羞地微笑，像一位雀屏中選的幸運粉絲。

她喜歡小武做自己。

結婚一年半，他們請我吃了頓飯，是超有名的貴鬆鬆牛肉麵。一個多小時的午餐聊天，大部分只能聽見小武的聲音，他說看到我最近上健身房，也激起他每週運動的鬥志；還有科技股這幾個月漲好多，供應鏈似乎有些尚未被發現的投資標的……小靜偶爾點頭，附和幾句。

小武說自己現在在學校接了行政工作，體驗幫全校老師安排課表的新奇，小靜回應：「嗯，對呀！還是讓你住在學校你會比較開心？呵呵。」我跟著笑了兩聲，嗅到空氣中檸檬的氣味，趕緊把話題引導到邱澤最近演的那齣舞臺劇；女人在聊起偶像男神的時候，智商往往會降為八歲，甚至忘記自己已婚。

「邱澤眞的好帥！」

「超帥的～他眼睛太會電人了！」

「我爲了他，買票買在右前方的位子！因爲第一幕他是從右邊出場！」

「那段獨白，聲音有夠好聽的啦～太帥了啊啊啊！」

♥

「邱澤……現在是不是跟什麼甯在一起？」小武努力加入話題。

「應該只是緋聞吧？」當時單身的我，也抱著能跟邱澤交往的夢。

「如果沒有，就應該避免讓人誤會。可能什麼甯晚上也會傳訊息給邱澤吧！呵呵！」小靜雖然笑笑的，但連發兩支冷箭。

其實我是不太喜歡這樣的，因爲這種賣弄小聰明的暗諷，會讓我想起以前的自己，那個在關係中沒有信心、沒有安全感，深深渴望被愛卻總弄巧成拙的角色。

而且後來我發現，在婚姻裡，絕大多數是太太會這麼做，喜歡在與外人的談話中，偷偷把對另一半的抱怨塞進去。這不令人訝異，因爲太太是機靈的，且通常機靈到會嫁一個有智慧的老公，所以老公也能夠聽出弦外之音，如此一來，就有效達到傷害老公的目的。

　　比較好的老公，會假裝談笑風生，內心也許開始累積不滿情緒；比較差的，會臉色大變，甚至破口大罵，讓無辜的外人幫忙緩頰，結束這回合。從來沒有老公會立刻痛定思痛向老婆道歉，老婆期待的完美老公，永遠不會出現；因為男人哪怕沒車沒房沒存款，都不能沒有尊嚴，在外人面前任何一句大不敬都是感情的致命傷；更何況，老公若真是如此完美，可能也不會把這類不給他留面子的女人娶回家。

　　「我要跟小靜講邱澤的祕密，小武你先迴避一下！」
　　「噢……那我去廁所好了……」

　　把小武支開的意圖明顯，他也很識相。

　　「妳和小武還好嗎？」就直接點吧！
　　「我覺得婚姻太難了。」小靜也沒拐彎。

　　「是新婚磨合期嗎？」
　　「其實沒有發生什麼事，我就覺得他不像以前交往的時候那麼愛我了，以前他下班，都會先找我，跟我膩在一起很久才回家。」
　　「他現在不回家嗎？」
　　「他現在接了行政工作比較忙，會晚一點下班，回到家經常直接躺沙發上打電動。」

　　我堂哥堂弟表哥表弟學長學弟同學隔壁鄰居張先生和張先生兒子都愛打電動。

　　「他說他以前回家也會打電動，可是他以前陪我的時間很多！」

　　「回到家他覺得很放鬆。」

　　「更扯的是，今年他竟然忘記我的生日，是他回家吃完飯後我提醒他的，交往兩年他都沒有忘記過！」

　　哈哈哈哈哈哈哈小武還真是典型的男人啊！男人自古負責狩獵，追逐目標的過程總是滿懷熱血和衝勁，用盡全力捕獲；當目標已然成為囊中物，男人就開始尋找下一個目標。「先成家後立業」也是類似概念，搞定成家這件事，心思就轉移到工作了。

　　婚後的劇變，使得太太經常望著丈夫，想不起來當初怎麼會嫁給他；這還算好的，有些男人不用等到結婚，才交往半年就會變了。但是，改變也非男人的專利，多少女人約會時期做作得要命，婚後卻把氣質、賢淑、溫柔跟前男友的照片一起燒掉，小心眼卻從不會隨著日漸寬廣的身材變大。

　　小武走回來了，小靜順勢離席，我看著這位高中女孩們的男神老師，心想自己真是離年輕好遠了啊！

「小武，剛才……」

「想也知道，是說我忘記她生日、打電動的事吧！」

「哈哈哈哈哈哈哈！」

「還說我不愛她，對不對？我不愛她我還娶她？我上一整天班，好不容易回家吃完飯，我洗碗、倒垃圾之後，就是想休息一下……她卻又要生氣吵架，太累了……我反而覺得，她是不是沒那麼愛我？」

美國蓋瑞・巧門博士寫了《愛之語》（英：The Five Love Languages）這本書連續17年在紐約時報暢銷排行榜上，被翻譯成50國語言，全球販賣超過一千萬冊；我沒預想要來幫小武、小靜做心理諮商的，但都已經到這份上了，只好將權威搬出來，請他們花五分鐘做線上測驗。

一個人「表達愛」和「接受愛」的方式分為五種：

1. 肯定的言詞：讚美、鼓勵
2. 精心時刻：專屬的特別時光
3. 禮物：送東西
4. 服務的行動：做家事、幫忙
5. 身體接觸：牽手、擁抱、各種

這個通常不需要測驗，只需要依據那人平時的言行就能略知一二。

　　我的第一名是「身體接觸」，所以特別喜歡擁抱家人、朋友，那是我表達愛的方式；同樣的，當別人摸摸我的頭，甚至只是來個擊掌，我都有被愛的感受；但我的最後一名是「禮物」，我本身非常少送別人禮物，收到禮物時，也多半沒啥感覺。

　　每個人的愛之語排名都不一樣，順序也可能隨著時間推移而調換，但如果我們練習用對方的愛之語來相處，會有很美好的火花；這不只適用於配偶，父母和子女、兄弟姊妹、同事或朋友之間也成立。

　　我家最失敗的真實案例，莫過於彼此深愛卻用錯方式的叔叔和嬸嬸。叔叔的第一名是「肯定的言語」；嬸嬸的第一名是「服務的行動」，總是把家裡收拾得一塵不染，卻因為感覺叔叔對照顧家的冷漠，以致嬸嬸從沒誇過叔叔；同樣的，叔叔得不到肯定，他一直覺得和嬸嬸的距離很遙遠……

　　做了這個愛之語測驗之後，小武和小靜驚訝地發現兩人的差異；小靜渴望小武回家後可以花一些時間跟她相處、說說話，但小武以為他服務的行動已經說明了自己的愛；他們覺得這個測驗簡直是婚姻保鮮的祕密武器，並答應以後每週都會好好花時間「說」對方的愛之語。

　　「知道對方喜歡什麼，不就像懂讀心術一樣無敵了嗎？」小靜問。

　　「真的可以偷看答案嗎？應該不算作弊吼？」小武果然是老師。

　　「這是給好學生的福利囉！照做就得分！畢竟很多人即使知道配偶的愛之語，也不願意改變。」

　　看他們牽著手、笑嘻嘻地走去捷運站，呼！這碗牛肉麵我也算沒白吃吧！

09
婆婆媽媽

　　每一場婚禮都是以熱情、浪漫開展，走著走著有些卻掉進坑裡；其中最大的坑和丈夫無關，因為丈夫是你選的，但是婆婆這號人物，卻是免費贈送的。

　　有人說，罵人的三字經應該是媳婦發明的，否則誰沒事會這麼痛恨別人的媽媽？一群結了婚的女人在一起，不說婆婆壞話是不可能的，啊！更正！不跟其他人「請益」婆媳問題是不可能的。

　　「以後妳就會知道婆婆的可怕！」又是鴨鴨，但此刻身邊其他姐妹點頭如搗蒜。鴨鴨回臺灣探望家人，我們一群認識超過二十年的小學同學終於能聚會。

　　「但是我男朋友的媽媽對我很好耶！」我試著不要太驕傲，免得傷了姐妹們的心。

　　「因為你們還沒結婚啊！」、「我還沒嫁進他們家的時候，我婆婆也對我超好的！」、「生小孩之後你就知道婆婆的可怕！」、「想到我婆婆，我就會很後悔嫁給我老公！」＃＄％＾＆＊……＃＄％＾＆＊……＃＄％＾＆＊…

　　眼前這群女人，以後也可能成為別人的婆婆，真好奇她們知不知道30年後，另一群媳婦也會這樣聚在一起，扯開嗓門七嘴八舌；我也好奇，婆婆們當年結婚的時候，是否有自我警惕過未來不要成為壞女人。

　　「我婆婆也不是說很壞啦！但她就是做一些很瞎的事：天氣很冷，她非要給我兒子穿開襠褲，說這樣上廁所比較方便。」阿春邊講邊笑。

　　「我也有類似的事耶！我女兒是明明都流汗、起熱疹，快熱死了！我婆婆還給她穿棉襖怕她著涼。」小慧翻了大白眼。

　　鴨鴨說：「我婆婆競爭的心很強烈，我媽明明正在抱我女兒，我婆婆就要直接搶去，然後我女兒就哭啦！我婆婆竟然把氣撒在我身上，覺得是我沒教好小孩。拜託！我女兒現在才兩歲欸！而且我媽和我們住在法國，我婆婆一年就只來個那麼一、兩次，我女兒覺得她像陌生人，也很正常吧！」

　　「那妳媽怎麼說？」還在戀愛中的令潔，就是我本人，很想知道如果媽媽在世，會是啥反應。

　　「唉……也沒說什麼，就心照不宣吧！她知道我婆婆很難搞，要我多順著婆婆一點，免得又惹一堆事，我其實

也不敢跟我媽抱怨太多，她會擔心。」鴨鴨是全家移民法國，她公婆還住在中國。

「我婆婆競爭意識更強，每次她來我們家就是夢魘，她會跟我女兒說『妳最愛的不是媽媽，是奶奶，要記得噢！是奶奶！』然後一直問我女兒最愛誰，直到她回答奶奶，我婆婆才滿意。一個三歲小孩受這種屈辱……去他奶奶的！」小慧以前是學校公認的氣質校花，髒話一出，眾人一臉驚恐，我不好意思抱著看笑話的心情，只好也面露嚴肅……

「妳會跟妳老公講這些嗎？」跟當時的男朋友仍無話不談的我，很關心這件事。

「我只有暗示他而已……也不確定他有沒有聽懂，因為他聽完只是笑笑。唉呀！就算有聽懂也沒用啦！男人都超沒用的，根本不會去跟自己媽媽講！」小慧嫁了一位男人。

「所以正常來說，大家都不會跟老公講噢？」沒老公、沒小孩、沒婆婆，我問這些問題，大家還不至於覺得太奇怪。

「反正妳記得！不要跟媽寶結婚，不要跟婆婆住在一起就對了！」阿春下個總結，「千萬不要跟婆婆住！距離就是美！自從我們搬出來，我跟婆婆的關係才稍微改善。」

「感覺都是有小孩之後問題比較多啊……」我以後想生三個，會爆炸嗎？婆媳的部分。

「沒有！還沒生小孩的時候，我老公自己在減肥，我婆婆看到他變瘦了，就在那邊叫，說要他多補一點，邊說邊瞪我欸！我老公竟然沒有解釋是他自己在節食，而且我老公那麼胖，快九十公斤欸！本來就該減肥吧！」小慧嫁了一位胖的男人。

「我老公把我煮飯的照片發在微信朋友圈，我婆婆還在底下留言說『娘為你做了28年的飯也沒見你寫過啥！』」鴨鴨的HEC老公，輸給了老母。

「啊哈哈哈哈那妳老公說什麼？」
「他沒回話啊！是我回的，我寫『絕對是媽做的好吃啦！我要跟媽媽努力學習！』還打了一個笑臉。」鴨鴨邊說邊模仿表情符號。

「噢嗚～～～～好媳婦！」、「好慘噢！」、「好好笑噢！」、「我們到底為什麼那麼可憐！」、「女人就是要為難女人！」＃＄％＾＆＊……＃＄％＾＆＊……＃＄％

越講越多，永遠結束不了的話題，我插不上話，但開始在想婆媳問題的「問題」是出在兩個女人，還是那一個男人。

氣氛熱烈的時候，大家常常沒發現其實現場有人是沒發言的，就像六個人在講八卦，其中有五個都談論著王小明多討厭，很自然地，同盟國成形，「我們全部都討厭王小明」的意識便深入人心。

黑妹結婚，跟婆婆關係很好，她在你來我往的對話中一直沒吭聲，直到其他人講到口渴開始喝茶。

「我不覺得我婆婆是個開明或人超好的婆婆，她很保守也滿固執的，可是我們沒有婆媳問題，因為我老公都會幫忙溝通。」黑妹的老公也是我們學弟，大家對他很認識，「就像我婚後不想跟公婆住，我老公就跟他爸媽說搬到另一個地方這樣上班比較近。我婆婆來問我的想法，我老公就直接搶著說『黑妹住哪都行，但我現在是一家之主了，我希望她配合我的決定。』我婆婆就沒再講了。」

這和我心中理想情節是類似的，聖經上說「人要離開父母，與妻子連合，二人成為一體。」結了婚之後，夫和妻本該就是一體的，一體等同一個team，是這「一體」面對所有事。讓新成立的小家庭，成為新的決策結構；不是你跟我媽槓，我在一旁嗑瓜。

戀愛期間，不知道是我看起來特別適合結婚還是怎麼，歷任男友都會帶我回去見家長；見家長的重點除了見兩老本人，更重要的是可以看出你的交往對象如何當橋梁。

　　有一次我在A男友家過除夕，北方人過年要吃餃子，偏偏我最不喜歡的就是餃子，結果男朋友man爆，請他媽媽替我另外做我最愛的土豆絲飯；我客氣地拒絕，表示自己吃餃子沒問題，男友卻直接把我手中的碗搶去，完全不留下選擇餘地；雖然我流露出「不好意思啊」的神情，但不用硬吞餃子眞是快樂新年。這一齣，看起來是男人的任性霸道，卻沒造成什麼風暴。

　　有一次我在B男友家吃午餐（儼然是個吃貨），抵達的時候他媽媽正在煮飯，我想要幫忙，他媽媽把我趕到客廳說來者是客，我就很老實地坐去沙發上等著。當天晚上，這男的跟我說，他媽媽覺得我太公主病，還眞的就不進廚房了？！「我有幫妳跟我媽解釋，是她叫妳去客廳待著的呦！所以現在沒事了！」

　　鏘鏘鏘鏘～這是很多「婆婆媽媽」的問題，外表和善、背地裡嫌棄彼此。而且才第一次見面呢！「乖乖聽話」錯惹嗎？這男人就更愚蠢了，女子們背後的碎嘴不需要傳話，你能解決就解決，不能解決也要用一種可以達到雙贏的方式溝通，否則只會加深雙方的誤會和心結。說到底，男人才是婆媳問題引爆的關鍵。

　　因爲在媽媽面前，兒子是能被原諒的，兒媳婦不是；所以兒子的角色更要扛起協調責任，和老婆站在同一線，擔任這個團隊的代表、發言人。結了婚後，必須理解如今

自己的「家庭成員」是自己和妻子，不是自己和父母；母親也要知道，對子女的掌控權已然告一段落，批評指教只能成為參考、不是遵行規章。給予孩子自由發展的空間，可以串門，但不是以母后的姿態，最多只能像隔壁鄰居張阿姨的姿態。

那麼媳婦呢？

親爹親媽講話我們都可能當耳邊風了，那些來自一位不同家庭的婆婆意見，有時也別往心裡去，笑笑就好了。多和老公溝通、達成方方面面的生活共識，否則這段婚姻最後會栽在「回家仍要偽裝」的空虛裡。

10
前男友們

我主持過三場「前男友坐在臺下」的婚禮，前男友不是新娘或新郎的前男友，是我的。

〈 I 〉

第一場是宇宙無敵尷尬的。我和綽號南瓜的他早就沒有聯繫，分手六年了，我也穩定經營著另一段平凡的愛情；南瓜一個宅宅系畢業的憨厚大男孩，卻驚天動地掀起同居又劈腿的風波，他的第二任、第三任女友由於時間重疊（沒錯，我是人家永遠的初戀啊哈哈哈），瘋狂在網上對嗆叫囂；本來偷偷潛水看好戲的我，某天竟發現自己也被無聲刪除了，就像是追劇正高潮的時候被通知沒付費不得觀看，那叫一個悶啊！

被南瓜刪除的一個月後，我主持了他死黨的婚禮。新郎、新娘安排了一個遊戲環節，是考驗賓客們對新人的了解程度；題目顯示在舞臺中央的螢幕，要透過手機作答，回答最快且答案正確才能獲得高分。你以為南瓜會是第一名嗎？不！他是個很謹慎的人，他直接棄權，避免和我同臺模糊焦點。

　　遊戲一切都是電腦作業，所以直到最後一刻才會在螢幕上顯示獲勝者。「新人準備了禮物要送給今天的贏家！恭喜──湘怡～湘怡在哪裡呢？」嗯，是啊！根本和新人沒見過幾次的湘怡，就是南瓜第三任女友，撕逼擂臺的主角之一。我和臺上的新人們用一種你好我好大家好的表情歡迎湘怡上臺；禮物是一支運動手環，湘怡開心地說她要把這個獎品轉送給男朋友。

　　主持人在臺上拿著麥克風，想著到底是依慣例邀請湘怡的男朋友上臺，還是就Let it Go？

〈 II 〉

　　第二場是初戀情人──阿德，我們交往兩年，小情小愛的世界單純無邪，所以一直維持著偶爾相約吃飯的關係，直到他十年前結婚，把我給封鎖了。

　　後來，同學們聚餐時發現：不只是我，是所有女生都被封鎖了。

　　「不好意思，以後不要私訊我，我老婆會不高興。」
　　「抱歉，以後請別再跟我聯繫。」
　　「我結婚了，以後問我問題，恕無法回話，謝謝。」

　　每個人都收到類似的信息，只有我沒得到阿德的溫馨

提醒，於是聚會中，阿德和老婆Ivy永遠是眾矢之的，因為實在荒謬至極；阿德不是減少與女性的互動，而是完全連根拔除，生活中只能看見、聽見一個女人。阿德和Ivy交往六年才結婚，按理說，感情也有一定基礎，那些罐頭訊息是誰的意思又或者誰發出來的，始終成謎。

阿德是一位設計師，但反而是他老婆Ivy先成立了自己的官方粉絲團，每天都發她各種網美照片。她常常跟著老公去國外工作，飛東飛西，拍一張機票也一定要秀出最新的戒指和手錶；某大牌的包她「每一款都有」，阿德生日當天，寫卡片告訴她：「妳就是我最好的禮物！」所以額外加碼送Ivy一輛休旅車，車牌號碼是Ivy生日。朋友們認真覺得他不可能是設計師而已，可能還兼職賣腎。

Ivy的IG各種環游美洲、歐洲、大洋洲自拍照轟炸，但厲害的是身邊同學雖然笑她，卻全部都追蹤按讚，幫她衝了不少人氣。

吳老師的婚禮，是我和阿德多年後的重逢場景，我站在臺上拿著麥克風，他和Ivy坐在我眼前……等一下，這不是Ivy吧？

「不是啦！阿德帶他老媽來。」
「你超沒禮貌欸！那就是Ivy！」
「你又知道噢？你說那女的是Ivy，你才沒禮貌咧！」

「我沒看過本人，但我看得懂愛馬仕的標誌吼！」

阿德、Ivy沒有和同學們坐在一桌，所以席間揶揄更加恣意流竄，我在宴會廳忙東忙西，心中預演如果眞的對上眼要怎麼打招呼。「嗨！阿德！」點個頭？還是視若無睹？想著想著，腎上腺素都高了！跟梁靜茹借了〈勇氣〉（這還是阿德和我的定情曲呢啊哈哈哈哈），我決定要死盯他們，一有眼神交會，立刻湊上前寒暄。

結果才吃兩道菜，他們就以「趕飛機」爲由，提前離席了。幸好我在邀請所有人舉杯祝賀新人的時候，他們也配合地對新郎大喊「吳老師好帥」；我還因此爲自己取得麥克風掌控權小小得意了一下，不知道是什麼詭異心態。

都分手n百年了，同學們偶爾會故意調侃：「妳有沒有很後悔沒嫁給阿德？」

對物質需求極低的我，沒有後悔，只覺得有意思。當年的地理課本，被他畫滿了我們的卡通人像和數字標記，從第一站到第九十九站，他要牽著我看遍世界的美好。

在各地工作、參展，每天帶著老婆飛……實現夢想需要決心，女主角換人只需要變心。目送阿德摟Ivy離場的那刻，我對阿德說：「祝你們永遠幸福！」放進他漸漸遠去的背影裡。

〈 III 〉

第三場婚禮，伴郎是Leo，又一任前男友。

我們是同學和老師眼中的模範寶寶！雖然談戀愛，兩人當年的學業成績仍占據全校第一、第二名，所以教官沒有打電話約雙方家長到訓導處喝咖啡。

分手十幾年後，我們竟然又成了好朋友，我結婚時，負責遞麥克風的工作人員就是Leo。有些人問為什麼我先生能接受，說真的，我們也聊過；我先生說他覺得分手十幾年實在夠久了，而且國、高中生時期的戀愛，都像是孩子的事，沒什麼好在意，何況過去就是過去，誰沒有過去？老糾結在交往以前發生啥，還要不要攜手走向未來？那些交往或結婚後還老拿往日說嘴的，真心不敢恭維。

這也真是拜寫作之賜啊！自從2018年11月掏心掏肺寫下自己刻骨銘心的愛情故事，我就立定心志，以後結婚對象必須了解我所有羅曼史（血淚史）。我先生迷迷糊糊讀了那些文章，從此，什麼小情小愛都掀不起他內心任何風浪。

布朗的婚禮，Leo擔任伴郎，我們彩排的時候，布朗說：「隨妳怎麼介紹！反正妳比我熟！」這還真是可怕的任務啊！我們再熟，也不是你和Leo的關係。要說他體貼嗎？還是說他會用彈鋼琴表白？或者說他喜歡吃紅屋牛排？

　　婚禮正式開始，我唸著布朗塞給我的稿子，介紹Leo進場：「Leo是布朗最好的朋友，他們從高中開始，一起陪著對方經歷各種風雨，Leo是一位最好的傾聽者，也是最溫暖的陪伴者⋯⋯」燈光打在Leo身上，他朝我走來，在我旁邊站定。

　　這是我們在世界上任一場婚禮能站的最近距離。三年丙班教室裡那句霸氣的「以後我要把妳娶回家」，縱然贏得全班歡呼鬼叫，但終究只是說說。

　　算了啦！你負責遞麥克風就好了。

別麻煩了

彼此過去的戀情，可以問嗎？
當然可以問啊！

但，問了要做什麼？

問了是想了解對方？還是想要收集更多武器，好在下一次爭執時火力全開？回顧不是為了撫摸傷口、緬懷青春，而是要深入認識對方，知道原來他曾經歷過這些事、他當時怎麼處理的、心態又是如何？如果再有類似的情境，我可不可能避免掉那些令他不舒服的感受？

我跟先生原本是同事，在公司吃午餐聊天的過程中，發現我們價值觀頗為相近，因此成為好朋友，開始分享自己各種離奇的愛情故事，然後才決定擁抱，許下相伴一生的承諾。

這不一定是最好的順序，有些情侶或夫妻正因為先知道得太多，但凡失足，就會在某次爭執時，拿出那些舊事手榴彈一枚一枚丟過去；最慘的是，對方的回憶不會因此爆破，倒是彼此的關係被炸出了一個深洞。

這也解釋了為什麼Leo沒讓他歷任女友知道我的身分，只說我們是好朋友。為啥不說呢？

Leo覺得多一事不如少一事，反正是多年前的學生戀愛，現在提也沒啥意義。男人就是這樣：怕麻煩。

不怕蟑螂、不怕地震、不怕黑、不怕孤獨，卻怕麻煩。

此為典型男人的通病，沒有智慧處理的時候，寧可先用自認為的聰明解決問題。

可是，在一段關係中，這樣「怕麻煩」的結果，往往會造成更多麻煩，這不是莫非定律，這是關係定律；要編造版本、圓謊、想個好解釋……反而加倍浪費時間與生命；更危險的是，隱瞞的後果充滿戲劇張力：某天回到家，發現另一半坐在客廳沙發，手裡抱著一個盒子，裡頭的情書、照片散落一地，擦眼淚的衛生紙也散落一地，「你有沒有什麼要跟我說的？」冷冰冰一句話，該來的還是逃不掉（在此奉勸各位，結了婚就請把那些東西丟了，剪除後患）。

不只陳年往事，有些正在發生的事，男人因為「怕麻煩」也會選擇胡謅：假裝聚會沒有女性出席、幫女生朋友忙還要偷偷進行。

情境一、

「那天我們部門聚餐很開心，你先生真的很幽默
欸！」丈夫的女同事，與妳巧遇時突然這麼說。

「部門聚餐？你不是說你們部門都只有男的嗎？」妻
子帶著這樣的疑問回家，臉色鐵青。

情境二、

「謝謝你上次幫我代買DIOR香水。」老婆偷看老公手
機時，發現這一條訊息。

「哇靠，我想說老公上次怎麼會突然送我一個DIOR粉
餅……」老婆寧可素顏，也要洗刷這份恥辱。

我很早就發現男人這手病，自以為在熄煙，卻險些釀
成火災；這類劇情，電影和偶像劇也沒少演過，此刻必須
配上「登愣」的音效。

試圖去理解背後原因，會發現問題出在女人身上，沒
有智慧的不是男人，而是女人；因為每當男人選擇坦白，
以為能得到誠實好寶寶的獎賞時，反而造成一場腥風血
雨。男人在一次次的失敗中學會沉默、學會隱瞞、學會避
重就輕，把心事鎖進放了（偷買了Switch）遊戲片的抽
屜，偶爾妳不在家的時候，他才會打開來想看一眼。

「那男人說實話，妳怎麼能做到不生氣呢？」
「會生氣啊！有時候內心手榴彈已經爆破，但我更想

當一個守信用的人，以換取幸福。」至今我仍然很滿意，自己從來沒有因先生坦白任何事而起爭執。

類似的情境，也經常發生在父母和孩子之間，至少我小時候就這麼過來的。

「你老實跟媽媽講，媽媽保證不會生氣。」我媽這一點做得不錯！她從來沒有在我坦白之後教訓我，所以我們始終維持著非常親密的母女關係，也正因為她知道我的一切，我們之間的信任和依賴比任何人都深。

其實，有多少我坦白的是錯事、傷她心的事呢？肯定很多吧……但是她沒有食言，她全然用愛包容我；因此，我也想將這樣的美好放在夫妻關係中。

12
是眞愛嗎

「那是因為妳和妳老公是眞愛！」身邊的朋友經常能看見我和老公在大庭廣衆下左牽牽、右抱抱，彷彿置身兩人小世界，很羨慕我們遇到眞愛。

有幾位還單身的好朋友，見識過這種甜滋滋之後，對找尋眞愛也開始有了盼望。

前兩年Clubhouse風行，兩岸三地的朋友喜歡討論男女關係議題。有一次我加入一個名為「為什麼遇不到眞愛？你的另一半是你的眞愛嗎？」的包廂，每個人都可以舉手發言，聽了兩個小時，彷彿開啟不思議的盒子；裡面多半是80、90後的年輕朋友，有些早早領證結婚，有些還在混亂的感情裡，但基本總結是相同的：大家都覺得太難遇到眞愛了，所以很難結婚；哪怕結婚了，也可能嫁／娶錯人。

我一位好朋友花花，和男朋友交往八年，終於登記結婚了！

結婚不到半年，她老公到美國出差，打電話回來說自己在飛機上遇到眞愛，堅持要離婚，跟他的眞愛在一起。

聽到這件事，身邊絕大多數朋友的反應都是覺得「這男的有病吧？」、「電視劇看太多嗎？」、「叫他去╳啦！」只是這對於渴望眞愛、被好萊塢電影騙大的各位觀衆而言，難道不是備受鼓舞、感動涕零嗎？

「爲什麼遇不到眞愛？」是一個很有趣的問題。交往過n個男朋友、主持過這麼多婚禮，我仍然100%不相信我們可以「找到眞愛」；如果可以找到，表示這個「眞愛」確有其人，但科學上無法證實構成眞愛的必要條件，情感也是處於流動、互有增減的狀態，「遇不到」很正常；除非有一張表格，可以讓所有人省事點，打勾打勾打勾，九成的及格勾勾就能放鞭炮，恭喜你！眞愛降臨！

眞愛得靠自己去找，實在太心累了！這表示我們把「幸福」的決定權交在別人手裡；在注重平權的今日，如此葬送自身權益，簡直與社會進步方向背道而馳。感情的成敗只靠對方，就會有眼睜睜看著關係毀滅的無力感；尋尋覓覓、痴痴等候、東挑西選，不是正確的操作程序。每個人都可以是Mr. Right或Mrs. Right，你願不願意讓跟你交往的人，覺得他們「遇到眞愛」呢？

Clubhouse裡的Elsa因爲全家移民，不得不和住在臺灣的男友分手，十年後，他們早已各自組了家庭；沒想到，男生因爲工作關係，也被調到國外，現在兩人的距離只有四個小時的車程。

　　Elsa：「我想問問各位……覺得自己的配偶，眞的是你的最愛嗎？」

　　包廂host：「什麼意思？」

　　Elsa：「因爲我覺得我最愛的還是前男友，那段眞的太深刻了，只是……命運捉弄人吧！」

　　以前我讀過一篇文章，說人結婚的對象往往都不是自己的最愛。爲什麼不是？因爲在過去的羅曼史中，總有一個人，曾讓你死心塌地去付出，彷彿已經用盡一生的感情，可惜結局仍是悲劇，所以再也不想、也沒有勇氣那樣去愛了。

　　抱持著這種想法，也許某一天還可以再遇到好喜歡好喜歡的人，可是無法再給出百分百的眞心，這眞的很悲劇，從某些角度來看，甚至比從來沒有談過戀愛還悲劇。

　　「臥槽，太慘了！我單身36年了，聽完大家今天的分享，突然覺得我這樣也挺好的啊！」Clubhouse包廂裡一位小姐姐開麥克風發言。

　　兩岸三地的笑聲此起彼落，不知道小姐姐這番話是發自肺腑還是一種黑色幽默。誰會希望自己是永遠的第二名呢？你甘願成爲你丈夫的次等選擇嗎？你高興在妻子的心中還有另外一位男人霸占著首位嗎？如果結婚對象不是最愛，那以後我主持婚禮時，看著那一對走進來接受親友祝

福的帥哥美女，還怎麼能用喜樂的心情，說出永浴愛河、白首偕老呢？

甜言蜜語、澎湃情意、時間金錢，如果在戀愛時都要一股腦兒獻上，認為這才是交往的基本門檻，也難怪遇到丈夫或妻子時，已經被榨乾了！

Clubhouse包廂裡出現一位獨排眾議的琳琳：「我覺得，談戀愛的時候就非常猛烈付出的人，很可怕！」這說詞，像遇過恐怖情人。

「如果談戀愛不全心付出，妳怎麼知道對方愛妳呢？或他怎麼知道妳愛他呢？」
「比起愛，我更希望在婚前看到的是尊重。」
「最好是啦～沒有愛，妳也不會跟他結婚。」

沒人吭聲，有那麼幾秒鐘，我以為琳琳被說服了。

「啊！不好意思，剛才按到靜音了。我沒說不要愛呀！只是看過太多例子！還只是男女朋友的時候，好得不得了！婚後就變一個人！我寧可他婚前把精力放在跟我聊天、溝通，愛我的肉麻話結婚以後再講！」琳琳繼續。

「如果他就想對妳好，把全部時間、金錢、愛都給妳，不行嗎？」

「可以呀！那就結婚！」

「一定要結婚才可以給嗎？又不是活在古代！」

「不能『等待』的人，在我眼中是沒有吸引力的。」

「那樣的談戀愛不會很無聊嗎？」

「被榨乾的人，絕對更無聊。」

　　包廂裡突然好幾個人試圖挑戰琳琳，她一個打十個，想法依然堅定，令我覺得很逗趣。

　　你相信你想相信的、她奉行她想奉行的，找不到交集就謝謝啦！此刻的心境不代表永遠，說服成功也不會記嘉獎一支；何況，如果大家觀念都能一致，真愛又怎麼會難找呢？

婚禮現場：主持人爲什麼不早說？

13
好像小三

　　婉君和國雄的婚禮，過程很曲折，或者稱得上離奇。

　　我收到訂金當天，就再也聯繫不上他們，電話不接、LINE不讀、email不回。最可能的推論是他們去海南島玩了吧！所以沒有中華電信、沒有LINE、沒有Gmail，我不敢想更多了。

　　聯絡飯店，飯店表示沒接到任何通知，但距離上次簽約也是一個月前的事了。這樣的情況前所未見，我內心有些惶恐，除了禱告，也只能靜靜等候，反正大不了就是婚禮當天準時抵達現場、隨機應變。

　　在某口清晨六點鐘，手機突然跳出新娘的訊息：「令潔，妳好！不好意思，妳寄來的表單我們還沒回覆，請再稍候幾天噢！」

　　呼！太好了！！他們活著！！！

　　緊接著不到兩分鐘，新郎也傳簡訊來了：「我跟婉君不會結婚了，謝謝妳。」

登愣！可以不要讓我洗三溫暖嗎！

我只回覆了新娘「沒問題！」接著她又不讀不回。推想這兩人可能是吵架了？不知道他們的婚攝、新祕有沒有收到訊息？過幾天再問飯店吧！吵架時，常常會講氣話，反正人還活著，就有希望。

兩週之後，新娘婉君才又回信。

她將一些有關婚禮的想法告訴我，包括她進場時要放五月天的歌，紀念她和國雄第一次一起聽的演唱會。她說國雄眞的很愛她，經常準備小驚喜、小浪漫，無論她怎麼吵鬧，國雄都無條件包容她；背板佈置也要放浣熊的小玩偶，因爲是「婉」君和國「雄」。

好吧！顯然是吵架！趁著能聯絡到婉君的時候，我們把婚禮當天的細節都談好，希望一切順利才是。

婚禮來了！安然無恙！婉君早上五點多就起來化粧，心情很好的樣子；早上八點，文定儀式圓滿完成，婉君回房間換造型，國雄在會場迎接陸續到場的賓客。忙碌的國雄，終於有一段小空檔，和一位身穿青花瓷旗袍的女性走到長廊底端安靜處談話；喜宴現場，有時家人要喬事情就會遠離衆親友，見怪不怪。

　　婚禮即將開始，婉君的妝髮完成，卻遲遲沒走出新娘房。我進房間時，青花瓷小姐和婉君正講完話；婉君一秒大哭，哭到妝都花了，新祕和伴娘在一旁鼓勵她要美美的。婚攝沒按快門，以很驚恐的表情向我使了一個「先不要」的眼色。

　　「你就是我的天使～給我快樂的天使～」婉君最後還是進場了。婚禮上，眼眶紅紅是新娘的專利，不會被質問發生什麼事；她在對母親致謝時，再次潰堤失聲，全場也為之動容。

　　婉君再度去換裝，她請我們不要讓國雄進房間，特別叮嚀：「剛才的事，不可以讓國雄知道！令潔，可以麻煩妳，幫我跟總召拿禮金簿來嗎？但不要讓總召進來。」我在想到底是哪方面家庭問題，青花瓷小姐提供的似乎不像好事，算了吧！婚禮服務人員，做好分內工作就行了。

　　一邊翻簿子，婉君說：「那女的竟然包了12000。」
　　此時，伴娘開口：「不要嫁給他了啦！我讓妳靠！」

　　婚攝又看了我一眼，換我回他驚恐的神情。

　　婉君：「那女的剛才直接跟我說，浣熊其實是她和國雄的定情物，祝我們幸福。」

天啊！小三踢館嗎？

新祕：「她是你們邀請的賓客嗎？」

婉君：「我們沒有邀她，她是國雄的客戶。」

伴娘：「妳今天就要跟國雄說清楚！」

婉君：「我們昨天下午已經去登記了，沒用了，不說也罷，他不會承認。」

　　一直到送客，婉君都還維持著淺淺微笑，國雄也繼續跟賓客握手、發糖；攝影師捕捉他們大喜之日的精彩瞬間，排隊的親友們迫不及待湧上前合影。

　　我趁空檔跟他們告別，再回頭時，發現那隻浣熊已消失在人群裡。

14
委員凍蒜

　　臺灣的家庭，政黨傾向大多很鮮明，因爲任何議題都可以扯到政治。婚禮上請來某議員、某立委，甚至更大的官已是常態，而這些官員，98%是家長的朋友；有些家長爲了顯示自己的交友廣闊、各黨通吃，藍綠政治人物都會請；有些則是立場相當明確，看著他們的賓客名單就完全理解這家人平常是看民視、三立或者中天。

　　政治人物也樂於參加各種婚喪喜慶，有時候我甚至覺得他們的工作就是參加婚喪喜慶，因爲某一回我中午主持一場婚禮、晚上主持另一場，兩場竟然請來同一位委員；早知道就搭他的保姆車移動了，枉費我搭捷運、轉計程車長途跋涉。不過，這委員忙著和主人家打招呼、向其他賓客揮手致意，並沒有發現午宴和晚宴的主持人都是我。

　　這沒啥稀奇，每逢選舉期間，婚禮場子才叫熱鬧。若婚禮舉辦在較爲local或小型的餐廳，就常在喜宴進行到一半時，突然有幾位穿著背心的人來訪，他們不會在婚禮開始之前就走進場坐下，因爲根本沒有安排他們的位子。

　　這些背心怪客是誰呢？就是候選人，和他們的助理。他們誰都不認識，但希望能上臺講幾句話，恭賀主人家。

「今天很開心，看到王府和林府結爲姻親。哇！這個新郎呢！一看就是一表人才！新娘呢！貌美如花！這個大喜之日呢！我一定要特別呢！這個前來祝賀！我知道新郎呢！從小呢！就在我們城區長大，可以說是城區的孩子！我在城區服務的15年呢！任期間也不遺餘力，協助推動了城市育兒津貼發放。現在一胎呢！是有這個呢！兩萬塊！所以呢！也希望你們呢！早生貴子！早點呢！享受這個呢！育兒補助！我相信男的帥、女的美，生出來的寶寶一定很可愛！再次恭喜李府和林府！謝謝！謝謝！」

接著，幾個人就會在臺上高舉雙手，一起鞠躬致謝。

重點是，不是王府跟林府嗎？後面怎麼變李府和林府了？候選人一個中午要跑很多場，沒空記那麼多啦！他可能只是剛才進場的時候，匆匆瞥了看板一眼而已；比較認眞的，會特別把姓氏寫在手心上，避免出糗忘記。

貿然闖入眞是滿無禮的。
那麼，不讓他們進來、不讓他們上臺致詞，可以嗎？

可以，但這不在我的權限範圍；婚宴有總招待負責，所以我通常只會先詢問雙方家長和新人：如果政治人物想上臺，我能介紹，並且把麥克風拿給他們嗎？

這必須在婚禮前就溝通清楚，因爲喜宴時，主人家各

種穿梭、忙碌，常常不見蹤影，如果我為了知會主人家而暫離舞臺邊，背心怪客就有可能在那短暫幾秒鐘搶走麥克風。蛤？他們敢這樣嗎？沒錯，臉皮厚是政治人物的專利。

華仔和小雞的婚宴，辦在市議員選舉的前一週，因為新郎新娘家都是○營的擁護者，所以他們說，如果有○營的政治人物到場，可以讓他們上臺講話，但若是×營的就萬萬不可！

婚禮當天，○營果然派出慶賀人馬，哪怕不明說「請大家支持2號某某某！2號凍蒜！」身上那印有全名和號碼的背心已經達到了宣傳果效；助理沿桌發面紙，面紙上印有候選人手握拳頭，象徵「加油」的形象照。

因為已事先得到主人家許可，我趕緊趁著空檔安排候選人上臺。身為主持人，即使是面對不喜歡的政黨，仍然要像萬年忠實腦殘粉一樣：「哇！今天真的太榮幸了，某某市議員，也在百忙之中抽空蒞臨，要給這對新人祝福！讓我們一起歡迎某某市議員！」

其實那時，新郎新娘早已去換裝，不在會場，但對候選人來說，他們在乎的不是那兩票啊！而是現場的其他兩百票！正當議員在舞臺上口沫橫飛，我發現門邊又出現了三個人。

噢天啊！是×營的團隊！他們眉開眼笑地看著一切，等〇營候選人講完話，便直挺挺朝我的方向走來。

「司儀，麻煩幫我們介紹一下，×××委員也要上臺致詞。」×營助理說。

「不好意思，請稍等一下噢！」那時主持婚禮的年資還沒有很長，沒料到×營的人馬眞的會來，手足無措，只能先使用拖延戰術，畢竟知道他們在一場婚禮能逗留的時間有限。

「妳麥克風直接拿給我啦！」助理還是笑笑的，我也笑笑的。

「不好意思，請先等一下！」其實我也不知道要等什麼，想等待救援，但放眼望去，全是已經吃嗨了的賓客，根本沒人發現無助的我。

「妳叫什麼名字？樂樂？」我剛入行的時候，沒敢用本名，別了個在淘寶訂製的精美胸針，胸針上赤裸裸寫著「樂樂」。

「是。」我低頭假裝看接下來的婚禮流程，好像在用心思索下一步。

　　「樂樂，我不知道妳對我們議員是有什麼意見，我只知道妳很不專業、大小眼，剛才我明明看到某某某也有上臺，妳就故意不讓我們議員上臺。」助理收起笑容。

　　「不好意思，請稍等一下噢！」跳針回話真的很容易激怒人，但除了那句，我腦子一片空白。

　　「快點，給我麥克風，議員馬上要走了！」他急了。

　　我穿著高跟鞋，抱著三支麥克風，快跑進休息室。

　　對，年輕的我，選擇了逃離現場。

　　「樂樂！我記住妳了！妳給我小心一點！」雖然他喊得很大聲，但杯觥交錯的盛宴中，只有我一個人聽見。

　　1號是吧！才不會投給你呢！

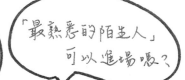

15
紅包拿來

　　除了事先彩排、確認細節之外，主持人在婚禮過程更必須隨時standby，幾乎沒有空檔用餐。

　　當我終於能好好坐在休息室裡吃便當，新人送客也到了尾聲。

　　那時，有幾位穿著西裝的人走進來，在我隔壁桌坐下，其中一位是新娘的弟弟。

　　「這位是新郎的表哥。」弟弟向另外一位介紹他身旁的大高個兒。
　　「您好。」
　　「您好。」

　　我試圖給眾人一個微笑，但他們完全無視於我的存在，我只好繼續吃燒肉。大方的客戶就是不一樣，幫婚禮工作人員訂的便當是雙主菜，估計一個要200元以上；新人一共訂了18個便當，主持人1位、攝影師6位、錄影師4位、樂手5位、新祕2位。

　　結婚需要請到6位攝影師、4位錄影師嗎？我從來不對

此發表任何評論，因爲這就如同當別人要請我主持婚禮的時候，身旁親友問：「有必要再花錢請主持人嗎？飯店不是有附免費的嗎？」一樣多事。

「表哥，我們算了一下，以今天的總金額來看，扣掉上次我們女方先代墊的10萬元，平分之後是我們各拿52.4萬。」哇嗚！這場婚禮才請了20桌，看來每一位來賓都送出豐厚紅包。好的，其實不該偷聽，但他們好像不在乎。

「不好意思，代墊的10萬元是指哪個餅？上次的大餅我們有用85折的優惠券，應該不是10萬元才對，再麻煩您確認。」表哥開口說話。

「表哥，是這樣的，跟您說明一下，雖然當時有85折券，一共是8萬5千元，但今天樂團有再多請一位樂手老師，要加價1萬5千元，所以正好抵消。」

「樂團好像是你爸爸要請的，費用不應該由我們男方這裡負擔吧？」新郎表哥不僅記憶力好，而且清楚每一項花費。

「嗯……樂團這部分……」弟弟低頭翻手中的文件，我趕快專心看手機，假裝沒聽見這段對話。「……樂團的部分……那還是我等一下再去問姐姐……」

「這我確認過了，不然你就先註記一下吧！反正我們就是拿52萬4或53萬9嘛！」

弟弟接著說，「嗯……對……那還有今天停車費的部分，因為最後發出去15張停車券，飯店這裡有半價優惠，所以總共是……」

話還沒聽完，新郎表哥就起身走出門，把剛拍完送客照的新郎請了進來。

「姐夫！」弟弟也很恭敬地站起來。
「停車券的部分，我來出就好。是多少？600嗎？」

弟弟點點頭，沒有說話。

我看著桌上還沒動過的5份餐盒，可能是攝影團隊們的吧！他們大多更沒有空閒坐下來好好吃東西，但凡新人在主會場，或是步行中與賓客們互動，甚至新娘換造型時，都要緊緊跟在一旁拍攝；除非漢堡類的食物能單手讓他們迅速扒幾口，否則整場餓肚子都是極為可能的，但此刻的我，唯一想到的是：總計價值超過一千塊的五個飯盒，如果浪費了，會不會又引發新的爭論。

每個家庭、每場婚禮，都有不同的收禮狀況，最普遍的是男女雙方各有一張收禮桌，哪邊親友就給哪邊。有些

人考量是：這樣容易判斷要怎麼發送喜餅（通常女方親友才有喜餅可以拿）；有些人則是因為，許多賓客是父母的長輩朋友，紅包錢的去向也代表了「你的人脈歸你、我的人脈歸我。」

新人要怎麼收禮，沒有絕對標準，但在桌前聽見叔叔嬸嬸們大喊：「欸！不對啦！這裡是給女方的啦！我們是男方的！」彷彿在畫楚河漢界，一點都不像要成為「一家人」的樣子。

我坐在休息室，聽見對紅包錢如此錙銖必較的細節，這是頭一次，而且還是建立新家庭的第一天呢！

這時代，為了「保護自己」，你的錢、我的錢完全分明，簽署婚前財產、婚後財產歸屬契約的新人比比皆是；尤其這場婚禮怎麼說也屬於高規格，貴賓們大有來頭，可見主人家的經濟地位在一定水平之上；或許今天雙方派出的「算帳人馬」，並非全然是新郎、新娘本人的意思，還包括雙方家長的堅持。

可是，婚姻畢竟是盟約，不是契約。

契約要載明雙方必須履行什麼條件，屬於一種交換行為；盟約不在乎你要給我什麼、你要為我做什麼，因為無論如何，我都承諾要愛你。如果在金錢上無法合一，記得

誰少拿一萬五，或者誰多付600元，究竟是更成就一段美好婚姻，還是反而埋下日後傷害的種子？

　　但願「無論健康或疾病、無論貧窮或富裕，我都會愛你」的誓言，不是婚禮當天提供錄影師捕捉的素材而已；「無論你把房子登記在我名下、無論孩子奶粉錢是否靠你一個人賺，我都會愛你」，可能更具象傳達何謂真正的婚姻盟約。

　　當天主持回家，把領到的尾款存進我和先生共同帳戶時，很想驕傲地跟他說一句：「今天你老婆有貢獻噢！」但看著他在家早已把衣服曬好、地板拖好、水果削好、碗盤洗好，就決定安靜了！抱抱他，不問今天水果是用誰皮夾裡的錢買的，才是我心目中「合一」的生活。

16
雨中婚禮

　　有時我會協同朋友去飯店場勘，95%的目的是爲了讓他們心安，剩下5%是我喜歡聽專業人士如何與新人「溝通」。

　　婚禮廠商：管你餐廳、攝影、錄影、新祕，全都是「服務」。服務不一定要卑躬屈膝，但笑顏和禮貌是基本，樂意盡所能解決問題是關鍵。事實總超乎想像，這年頭沒幾間婚宴會館和飯店人員有達到我心中的標準，他們簽約前後是兩張臉；兩張臉，不是指簽約前和顏悅色、簽約後臭臉相對，而是有沒有把這場婚禮，當成世間美麗的一期一會。

　　「請問左右兩旁的柱子，我們可以投影進場唱歌的歌詞嗎？」新人問。
　　「不好意思，沒有辦法。」官方回答。
　　「嗯……噢……好吧！」新人覺得很惋惜。

　　「請問妳說『沒有辦法』的意思，是指沒有能操作設備的人力？還是這樣會看不清楚？因爲如果目前可以投影婚紗照，應該也可以投影歌詞才對，我們會把歌詞放在同樣的ppt裡。」以主持人的角色來說，這些問題太雞婆了，但以好奇寶寶的身分來說，只是正常發揮。

「就是沒有辦法，這裡沒辦法用來投影歌詞。」餐廳人員重覆了一次結論，仍然沒有正面回答，她收起笑臉，繼續往前。

「這個廳的燈光有三階：第一階最暗，第二階在左右兩側，第三階全亮。阿瑟，給我一個左右兩側的燈。」她命令燈光人員，現場一片光明，「不是！阿瑟，這是全亮，我要它的前一個，左右兩側那個。」視線突然變得微弱，「阿瑟，我是說左右兩側，你現在弄的這個又變成最暗了。」

「請問那天操作燈光的是你們人員嗎？還是新人可以找自己的親友呢？」我問。

「控制臺只有我們人員可以操作，如果有需要，可以請一位親友到控制臺提醒。」

「OK！因為第一次進場他們要的光是二階，走到親友那兩桌時，就要換三階，而且必須直接打對，找一位專職親友或許比較知道這些細節。」

「當天的燈控，也是今天這位專職，不會換人。」

就是這樣才令人擔心啊！

「那我們等一下能跟他稍微溝通嗎？」

「他已經很了解了，今天是我沒用耳麥，所以他聽不太清楚，婚禮當天我會戴耳麥。」

這些人，在極盛時期一天都至少接兩場活動，對他們而言，走個流程只是上班形式，所以並不謹慎；但對新人而言，一生一次的婚禮，到底為什麼不能好好認真對待？

Yeah，很多新人其實沒那麼care，可能因為他們個性本來就不拘小節，可能因為他們舉辦婚禮只是為長輩走個樣子，可能因為他們更在乎兩個人是否開開心心過一生。

薇純與家慶，是一對笑起來長一模一樣的俊男美女，他們在共同朋友的party認識，不到五天就決定在一起了，交往五年後結婚。婚禮辦在神神祕祕的山林餐廳，導航顯示已到達，你環顧四周，只想問一句：「這裡有人嗎？你在跟我開玩笑嗎？」

他們的婚攝，是業界一位號稱史上最難預約的大師，無論沙漠曠野、深山海底，每一張作品都像國際大片的劇照；新祕是女明星御用造型師，偶爾會接綜藝節目的通告，她本人也很親切，在空檔（主動）（免費）幫我重新捲了髮尾。

薇純說她找的人，都是她仔細研究一、兩年的精選名

單，對於擔任婚禮主持人的我而言，這是極高恭維；哪怕這地方鳥不生蛋，我也要主持到讓鳥兒歡喜快樂。

山上的天氣灰濛濛、雲層很厚，下午飄過小雨，草地全溼。薇純超期待在草坪證婚，但餐廳人員建議取消室外，因為一切就緒時，賓客們開始隱約聽見雷聲；餐廳人員火速衝進室內、準備佈置證婚會場，走廊上人滿為患，大家拿著雞尾酒等待。

「現在有下雨嗎？」薇純問。
「目前沒有，但好像快了。」總召回答。
「那我們趕快開始吧！」薇純開心地跳起來，還沒穿高跟鞋就準備走出房間。

賓客的腳步稍有遲疑，開始緩慢移駕室外；座椅全是溼的，所以新人決定讓大家自由站立。薇純與家慶在入口的白色小柵欄就定位，兩對伴郎伴娘也就緒了，我站在前方的司儀臺，一滴雨打在我的臉上。

總召對我比了一個OK的手勢，我講完開場白之後，男女儐相雙雙走進玫瑰花圈。滴答、滴答……又開始飄雨了，大家很客氣地沒有撐傘，有些賓客拿起程序單擋雨。

輪到薇純和家慶進場時，轟隆雷聲巨響，不到半秒鐘，大雨毫不留情傾盆而下。「嘩————」雨聲之大，蓋

住了室外播放的輕音樂；現場有些騷動，賓客們紛紛拿起傘，難免遮住一些視線，有人甚至快步跑回長廊躲雨，眼神還捨不得離開新郎新娘。

現在要再挪回室內證婚應該是不可能了，但雨大成這樣，怎麼辦？總召走過來，示意我繼續進行沒問題；我看著薇純的瀏海，被雨打成一根一根麵條，婚紗在雨水的加持下，彷彿又多了一公斤重，這顯然不是女孩們的夢想婚禮啊！

這時刻的薇純跟家慶，是什麼樣子呢？
他們兩個都笑得好開心！挽著手，大笑！

走路速度努力加快，卻沒有成功；伴郎、伴娘也在拍手歡呼著，好像鼓勵眼前這對參賽選手儘快抵達終點那樣。雨大到我快聽不見任何聲音了，這大概是我主持過屬一屬二荒謬又開心的證婚典禮，最後走廊上一堆人喝著薑茶、排隊等著用吹風機，令人懷念起學生時期的營會，好青春啊！

在大家準備烘乾自己的過程，看著新郎、新娘、雙方主婚人和賓客，我重新思考婚禮的意義。我總是幫新人打預防針，告訴他們婚禮無可避免會有突發狀況，能力所及範圍，當然力求盡善盡美，但不一定能100%照劇本走；即使做了萬全準備，音樂還是可能會播錯、走路可能會跌

倒、長官致詞可能會胡亂發揮、麻吉可能會塞車遲到，座位吧！即使每張椅子放了名牌，賓客也很難準確坐在對的位子。

但，那又如何？
新人們該在乎的是那「一天」，
還是接下來的「一生」？

今天的天氣，要換作一些追求「完美」的新娘，可能早就崩潰了，妝哭花了、氣到炸了、婚也不想結了；薇純和家慶則是笑著走在雨裡，幽默感十足。他們不在意幾乎聽不見的進場配樂或沾滿泥土的裙襬，反而開懷牽著彼此，彷彿正在經歷旅途中一段精彩難忘的大冒險。我很少在婚禮現場這麼肯定，但我內心深深相信，他們一定會繼續幸福下去。

17
爸！媽！

　　一場婚禮，不可免俗要介紹到雙方家長，也就是男／女方主婚人。

　　「我小學二年級，我爸媽就離婚了⋯⋯」籌備婚禮的時候，很多新人需要和我這樣一位「外人」說明家庭背景，好迴避現場可能發生的一些狀況。

　　我不知道從以前到現在，他們需要回答多少次類似的問題，或者是否會主動對外承認，每回在傾聽的過程中，我都深深感謝，謝謝他們如此信任我，甚至願意一起討論各種應變措施：

　　「如果媽媽帶了男朋友來，我們謝親恩就改在臺上好了，否則大家會太關注那男的！」
　　「牽我走進場的不是我親生父親，跟我也不同姓，算是養父，妳可以說是我的Papa，但不能稱呼陳爸爸噢！」
　　「爸爸萬一要跟他的『女性朋友』一起上臺敬酒，她不是我媽，不要介紹成楊媽媽囉！」

　　某些時刻，覺得自己很像醫生。「身體還有其他症狀嗎？最近有吃藥嗎？」「有！這幾天上大號會流血，摸

起來好像是痔瘡，還有，我最近在吃抗憂鬱症的藥！」如果醫生不專業，或者雙方缺乏信任，即使眞實回答無可避免，那種不自在的感覺依然從腳底竄到頭頂，然後是整個診間。

「你放心～沒什麼大不了！」
「我懂我懂～我也有遇過父母離異的！」

有時候在想，是該回應地雲淡風輕？還是強調感同身受，好化解新人的擔憂或尷尬？但往往最後沒採取任何一種，只說了句：「好，我知道了！」

換位思考，面對婚禮主持人，我會有多大的勇氣訴說這些呢？舉行一場婚宴，我會有多大的勇氣看著讓媽媽心碎的女人跟著敬酒呢？

爲了孩子，許多早已分開的夫妻，還是願意在婚禮這天同桌用餐；主桌通常較大、座位距離遠，坐在一起的兩人可以明正言順地忘記交談。

新郎阿偉的爸媽離婚之後，媽媽出家了，所以這天的喜宴辦在素食餐廳，也是這個原因。阿偉叮囑我在臺上不要提到有關出家的事，因爲當時就連媽媽的兄弟姐妹們，也對這個決定頗有微詞；只是從會場放眼望去，親友都是穿襯衫或洋裝，很難不注意到主桌那位身著袈裟的女子。

　　喜宴上，新郎新娘要換裝、要拍照、要跟親友say hi，有時還要準備表演、致詞，很少有機會坐在主桌慢慢吃完一道菜（所以飯店大多會另外提供新人餐盒，拿進新娘休息室裡）。

　　這場婚禮，主桌除了雙方父母，其他幾位是新娘的爺爺、奶奶、阿公、阿嬤；老人家動作較慢，專心吃飯就能用掉大把時間，鮮少聊天，所以新郎阿偉的媽媽全程安安靜靜、不發一語，似乎也挺融入的；倒是阿偉爸爸拿著酒杯滿場飛，幾乎沒有好好待在主桌的片刻；賓客或許能感受到他寧可空腹也要招呼大家的熱情，卻不知道他坐回那個位子可能食物更難下嚥。

　　後來，因為阿偉要上臺說話，爸爸奔走多次也累歪了，主桌長輩才終於到齊。

　　「謝謝大家來參加我們的婚禮。我這麼不擅言詞的人，太太願意嫁給我，真的也很感恩！我有時會說錯話惹她生氣，但她每次都包容我，很快就原諒我！老婆！我一定會好好珍惜妳！好好愛妳！今天也很高興看到這麼多親戚朋友！希望大家都有吃飽！」

　　阿偉停頓了一下，「我還想要特別感謝我生命中最重要的兩個人：謝謝我的爸爸和我的媽媽！」阿偉對著主桌深深一鞠躬，「謝謝你們這麼愛我！爸爸，辛苦了！媽

媽，辛苦了！」阿偉媽媽輕輕點頭、微笑；阿偉爸爸則是咧嘴笑，邊晃腦，邊擦額頭的汗珠。

婚禮現場，向父母致謝的環節我看過不下百次，但那一幕最令我難以忘懷。

阿偉知道，雖然爸爸媽媽分開了，那只是他們婚姻的結束，不是阿偉被拋棄的起點。他曾經怨嗎？傷心嗎？遺憾嗎？也許都有過。但在父母失敗的關係裡，阿偉與自己和好，也寬恕了爸媽，才更清楚自己一直被愛著，畢竟這年頭，父母一方缺席的婚禮比比皆是。

曾有位新人跟我說，母親拋家棄子，讓他從小就恐懼婚姻，完全不相信女人。他聽說父母離異的，小孩未來離婚的機率也很高，因為孩子會不自覺複製爸媽的婚姻模式，所以他本來不打算結婚了；直到認識了現在的老婆，他才開始思考，說不定他能建立新的開始、自己爭取下半輩子的幸福，用行動破除那些「會步上父母後塵」的無稽咒詛，沒誰攔得了他。

世界上哪有伴侶在親密地互許終身時，能預想到兩人有一天將因為仇恨或心酸而分離呢？哪有父母會因為自己的婚姻不美滿，期盼孩子也憤世嫉俗終老呢？

我主持過的婚宴，其中一方／雙方父母離異的新人，

約莫占15%，以那個年代來說，算是挺高的比例了！但我依然相信，夫妻關係的裂痕不等同於孩子未來希望的幻滅，父母離異也不妨礙孩子組建美好家庭。阿偉的婚禮讓我體悟到，人們雖然無法改變過去，卻可以從此刻開始，努力經營自己的婚姻；「愛和寬恕」不是只能在傷害中學習，或許在現有的關係裡，才是更實用的兩把金鑰。

18
你以為呢

〈時間到！計劃趕不上變化！〉

主人家經常對婚禮有莫名的堅持，例如：堅持12點整要準・時・開・始！

以我過去十年的主持經驗，這屬於痴心妄想，除非喜帖上寫的是「11點半我保證準時開始」，才有機會在「12點開始」，否則很難有一場喜宴可以達標。

在事前溝通的會議，男方爸爸表明12點整就是12點整，慢五分鐘都不行，因為他查過當天的良辰吉時。「建議跟賓客再個別電話通知一下噢！尤其是主桌貴賓。」大部分情況，現場出席率近八成才會開始，再不然，也至少要等主桌賓客到齊。

「妳放心！我一定會通知啦！妳就12點整站上臺講話就對了！」好的！長輩說話了，小的遵命！雖然這對「臺北場」來說實在太不可能，但也有點好奇，難道這場婚禮真要創下有史以來最準時的紀錄？

這一天來到，一如臺北人的風格，全部姍姍來遲，似

乎不把別人家喜宴當回事，11點55分，賓客大約才來了四成。不得了！還有五分鐘就要到吉時啦！我小聲問男方爸爸，問他我是不是12點準時上臺？

「客人都還沒到，坐主桌的阿姑都還沒來餒！現在不能開始啦！」我點點頭，心想「你以爲呢？」就到一旁看婚紗照去了。每一場的婚紗小卡都會剩下一堆，至今沒明白原因，而新人總是天眞地以爲，賓客都很在乎他們的婚禮、渴望珍藏他們的照片。

〈讓專業的來！〉

喜宴幾點開始都還算小事，只要先上菜，賓客們吃飽喝足，哪怕下午一點多新人才進場，大家一點也不會記得，唯有特殊場面能深深烙印，像是：新郎爸爸說要自己邀請貴賓上臺致詞，甚至連名單都不肯事先交出來。

「我希望這段直接是我講，不用給主持人講，因爲那些貴賓是我的朋友，我比較了解該怎麼介紹他們。」新郎爸爸再三傳達他對這些VIP的「重視」，因此也最能掌握時間和順序。就由他吧！既然我不知道名單，也沒辦法在現場先一一提醒、告知，但我相信這位爸爸！或許蒞臨的貴賓是大驚喜。

「接下來這段，我有特別跟主持人說，我要親自介

紹。」新郎爸爸唸出了第一個名字：「大大銀行董事長，也是我的好朋友——陳董，請上來說幾句話。」

陳董對他揮了揮手，客氣地表示自己不上臺了。

「來嘛！陳董！」陳董坐在位上、拿起酒杯點頭致謝，依然婉拒。「好吧！沒關係！你不好意思，那我邀請張○○女士，同時也是某某院長夫人，蔡夫人，請上臺說幾句話。」

蔡夫人也搖搖頭，以雙手合十回應。

「啊？你們都不上臺啊？本來就有安排你們致詞的時間啊！」

驚不驚喜？兩位VIP惜字如金，新郎爸爸也沒輒，我好想搞笑地模仿胡瓜：「下面一位～」但那爸爸的神情已然失措。幸好！第三位VIP市議員很給面子，不僅立刻衝上臺致詞，還抱著麥克風講了十分鐘。啊！愛說話的政客也沒那麼糟糕嘛！能成為冷場救星！

人們對婚禮難免有些執著，我很能理解，但有時候真別被無謂的原則繞迷了路。不知為何，在這種情境下，我想起《赤壁賦》：「自其變者而觀之，則天地曾不能以一瞬。」沒什麼一定怎樣、一定該怎樣、一定會怎樣的，只

要盡心盡力就行了。就像第三位VIP市議員，可能也沒想過
這場婚禮後的選舉，他能多贏好幾張票。

19 請這樣說

　　還有一種情況是新人的自我感覺過分強烈、誤判情勢、掩蓋眞相，導致自己也困窘地下不了臺。怎麼說呢？最常發生的事情之一就是：他們規定主持人要講某些話。

　　有一位新郎希望我在他上臺之後，先進行一段對談，訪問他今天有沒有特別想和新娘說什麼，而且他的綽號是「內湖言承旭」，要我如此稱呼他，說是會很有笑點。

　　「好，內湖言承旭，你準備要對新娘說什麼呢？」彩排時，我私下詢問。
　　「嘿嘿！祕密！反正妳就問我，問完之後把麥克風拿給我。」新郎賊兮兮。

　　婚禮高潮，新人走上舞臺，我依照約定cue他：「最帥氣的新郎官，人稱『內湖言承旭』，今天有沒有什麼話，想在這個場合對你美麗的新娘說呢？」

　　全場靜默。

　　「呃……呃……」

全場屏息以待。

「我們把麥克風交給新郎！來！大家給新郎掌聲鼓勵一下！」飯店人員將mic遞了過去，拍手聲此起彼落。

「呃……呃……一時想不到要說什麼。」

哇哩圈圈叉叉三角形！傻眼貓咪欸！

主持人的白眼翻了360度，鎮定地引導：「那要不要簡單來一句愛的告白呢？」像鼓勵孩子那樣。

「呃……愛妳噢！」

趁著那個瞬間，我趕快接話，笑稱「言承旭」比較害羞啦！結束這場鬧劇。

事後，也懶得跟新郎請教到底發生了什麼事，倒是伴郎團在空閒時，主動來找我聊天：「主持人！妳為什麼會叫他言承旭啊？他哪有像言承旭？」、「對呀！太扯了啦！」、「他跟言承旭也差太多了吧？」

「嗯？你們不是都這樣叫他嗎？」我問。
「哪有啊！從來沒有人這樣叫過啊！我還想說我走錯場嗎？哈哈哈！」

　　連最好的兄弟——伴郎們都沒聽過的稱呼，我只能笑笑；新郎跟言承旭長得像不像，你以爲我看不出來嗎？等你們結婚時，要當木村拓哉還是布萊德彼特都行，我是有求必應的主持人。

　　以前我都會問新人，想在舉杯的時候聽到什麼樣的祝福語？需不需要我請賓客們一起說什麼？某次宴客那天正好是新娘生日，新郎希望全場可以齊喊「生日快樂」；有一位新娘則是想聽大家說「早生貴子，生一個籃球隊」；也有些新人，仍然最想聽到「一定要幸福噢！」即使這在網路上，已經被列爲最俗氣的祝賀排行榜第一名。

　　曾經有一對新人，要我邀請賓客集體舉杯時，只講「讓我們一起舉杯祝福！」就好；不必乾杯、不必Cheers、不必永浴愛河。

　　「如果沒有一個cue點，賓客可能會不知道什麼時候要喝。」我提出。

　　「妳講完那句話，我們在臺上就會自己喝，賓客就知道啦！」新娘說。

　　「好，我先不講，但如果沒有人喝，我再稍微提醒一下。」總要有個備案。

「不要，只說『一起舉杯祝福』就好！」新娘執意。

那天，上臺前我再次跟新郎新娘、雙方父母確認，他們聽了那句話就會「自己喝」，可到了正式登場時，我說完『讓我們一起舉杯祝福新人』之後，發生了什麼事呢？

整間宴會廳沒有半個人動作，連臺上的六位都沒反應，所有人的杯子懸在空中，彷彿全世界定格，使那一刻成爲永恆。我思考了幾秒，最後仍選擇用一句「乾杯！」打破寂靜，場子像施了魔法一樣，瞬間又恢復熱鬧。

從那天起，原則上我不再詢問新人對某些細節的想法，否則自以爲貼心的舉動，反造成整體不協調。

但偶爾，還是有新人會主動提及，甚至「寫好一段話」「請我在婚禮上照唸」；通常是對父母的感謝、對配偶的讚許，或是內心深刻獨白。

這些自然沒問題，可是，我逐漸發現，不知道某些新人是健忘還是詞窮，有時他們請我講的話，會出現和他們影片字幕或致詞完全重複的窘境。

「在新娘小咪的心中，對先生有著深深的感謝。這份愛給她滿滿的安全感，因爲有先生的支持和陪伴，她不害怕，讓她在面對生活中許多難題時，可以更勇敢往前

走。」新娘走進場時，主持人旁白聽起來深情又感性，直到小咪上臺說話，那種動容的感覺才瞬間消失。

「在我的心中，對先生有著深深的感謝。這份愛給我滿滿的安全感，因為有先生的支持和陪伴，我不害怕，讓我在面對生活中許多難題時，可以更勇敢往前走。」

好啦大家都知道妳很勇敢了！
一字不漏！一字未改！背得很好！

我告訴自己：找只是根薯條，薯條不會尷尬。
只要主持人不尷尬，尷尬的就是別人。

20
戀慕丈夫

　　討論婚禮流程的時候，新娘的幻想總是美麗，一會想要這個、一會想要那個，興高采烈又三心二意，像是在考慮蜜月到底要去捷克還是希臘那樣困擾。

　　準新郎大多都尊重準新娘的想法，與其說是尊重，倒不如說有時他們很像被女生強行拖來開會的。這些準新郎不是沉默，就是一直說「隨便啊！」、「都可以！」、「沒差啦！」、「妳喜歡就好！」惹得新娘很生氣；接著，女生會氣噗噗地捏男生大腿、用手肘頂他，時而翻白眼地抱怨：「吼！你都不給意見！」

　　為了避免家庭失和的劇碼上演，這種情況下，我都選擇以正面的眼光鼓勵新人：「妳先生很好耶！把重要的決定權都交給妳！」

　　可是，往往得到的回應是：「他哪裡好？他這個人就是很討厭！」空氣繼續凝結。

　　有一次，終於來了一位難得有想法的準新郎，他希望播放〈愛，很簡單〉這首歌入場，前面先讓主持人口白簡短介紹，直至「I Love You～」副歌一下，門正好打開；第

二次進場，讓伴郎團抽花椰菜的時候，再新增一個「吸管喝啤酒大賽」的遊戲，誰先喝完才算贏家。

「不錯呀！很有創意噢！」只要不是叫我在臺上突然變出鴿子，我都盡全力配合。

這時候，準新娘又不高興了：「哪有創意？這叫意見多！喂！Vivian的老公婚禮都聽Vivian的，請你學著點，好嗎？」

到底～～～為什麼不能誇讚丈夫？匪夷所思！

不需要曬恩愛才表示兩人的感情好，吵架鬥嘴也是一種情趣，可是在外人面前這樣互動，除了有點難堪之外，我每次幾乎都要掌自己兩巴掌，才能想起來眼前是因為太相愛而決定互許終身的新人，否則會以為是一對長達五十年性生活不和諧的怨偶。

左思又想，這也許是東方文化的謙虛，就像跟別人誇他們孩子，孩子父母很少回答：「對啊！我孩子超棒的！」通常要客氣地講：「哪有！他最愛給我們添麻煩了！」如果對方也有小孩，還會多說一句：「跟你們家大寶沒得比！你大寶才是真優秀！」在那種家庭中成長的孩子，快樂嗎？心裡嘀咕的是：「我爸媽真好」，還是「我有那麼差嗎？！別老拿我跟別人比較」？

　　我也在此類型的教育環境長大，深感這確實不是健康的互動模式，導致當我們成年後，建立新的親密關係時，不自覺走上了老路。

　　很熱門的一句網路心酸留言：「別人的老公從來不會讓我失望。」也許只是搞笑，用誇飾表達羨慕，可是每當看到這種話，我都想說，妳老公才失望呢！所有謊言中最大，也最具災難性的一個，正是：「如果我換一個配偶，我就會很幸福。」

　　喜歡公開貶損自己另一半的人，背後原因百百種：有時是為了博取同情，有時是為了調劑生活，有時只是拙口笨舌，有時根本是心盲眼盲。除非指腹為婚，否則自由戀愛的年代，每一句數落，都像是在宣告自己的選擇有多麼愚蠢。

　　唉唷……不自在呀！
　　誇讚另一半，好像顯得很驕傲似的……

　　有什麼不驕傲的？

　　如果連與你共度一生的配偶，你都捨不得讚美、不好意思承認他有多好，還要把這些話留給誰？

　　姐妹們！請務必「戀慕」妳的丈夫！

　　勇敢大聲說：「老公就是這麼帥！」、「老公，你真好！」哪怕周遭人被閃得受不了，當事者也沒有損失，大家可能還暗自羨慕，能娶到這樣的老婆真是有福氣，給出「別人的老婆從來不會讓我失望」這種反饋。

　　所謂「戀慕」，不是社群媒體、大庭廣眾眼前的表面功夫而已；多少女星寫了一手好丈夫，最後卻讓吃瓜群眾們眼睜睜看著互撕的離婚收場。經營美滿婚姻的大絕招，今天就免費大放送吧！

　　「無論人前、人後，都要讚美你的配偶。」

　　話語有強大的力量！表現出尊敬、仰慕、重視、認同與欣賞，使他或她覺得自己很重要，這也是人性最深的渴求。配偶應該從我們的互動中感到被看重，而不是被貶低；他們應該有自信，時常感覺被造就，而不是被摧毀。

　　來，重要的話說三次：
　　無論人前、人後，都要讚美配偶。
　　無論人前、人後，都要讚美配偶。
　　無論人前、人後，都要讚美配偶。

　　先生們，也是一樣！

「老婆，妳這麼性感、有魅力，每天睜眼都能看到妳，我真是最幸福的男人！」

「如果我每天都能吃到妳做的菜，上班肯定更有動力、不會累！」

對，這些聽起來都像是撩妹祕笈的金句節錄，可是當一位妻子每天為先生、孩子準備三餐，卻鮮少得到感謝；或是當女人精心打扮，只換來「妳是怎樣？有事嗎？去種睫毛？我以為中邪咧！」的評語時，外面的小三或小王隨便一句甜言，都可能掀起波瀾，再來就是革命。

永遠不要把讚美自己另一半的機會拱手讓人。

每天按三餐誇配偶，是已婚者最大的權利和優勢。

今天哪怕有美女對我先生說：「你真的人帥又好。」或是「如果你沒結婚，我一定會追你。」應該都無法動搖他，因為我24小時在他耳邊灌的迷湯遠比這些多了去了。

許多老夫老妻能攜手走過五、六十個年頭，他們的法寶也是：「多看對方好的一面。」一個人從頭到腳，總有那麼一丁點可取之處吧！如果真的找不出任何一絲絲可以誇讚的，至少要誇他有眼光：「謝謝你那麼有眼光，選擇跟我結婚！」雖然有點阿Q精神，但比起每天像喪屍一樣怨嘆好多了！

「老公，你知道我愛你嗎？」
終於又寫好近兩千字了，我轉頭問先生。

「我知道啊！」先生非常冷靜。
「你怎麼知道？？？」我表現出很驚訝的樣子。
「怎麼會不知道？」他語調平和，顯得成熟穩重。
「講五個原因！！！告訴我，為什麼！！！為什麼你知道我愛你？」

這篇文章快寫好了，我興奮地瓊瑤式吶喊。

「因為妳早上說、中午說、晚上說、睡前說、睡夢中也說。」先生毫不猶豫，展現了他的過人機智。

OK，好的，謝謝大家，我先歇了。

21
同志家宴

　　2019年5月，Tony打電話來問我能不能主持他們的婚禮，那是臺灣開放同婚的第一天，他和交往七年的男友剛走出高雄戶政事務所。

　　好幾年前我曾告訴Tony，如果他和男友結婚，我一定免費幫他們主持婚禮，當時並沒有想太多，就是出自朋友的義氣。後來整個社會為了同婚議題吵得沸沸揚揚，公投甚至沒有通過，當法律正式被修改，開放同志結婚時，連我都不確定，臺灣到底是往民主邁進了一步，還是其實倒退了？

　　Tony很快與我敲定了隔年6月的日期，他聲音亢奮，即使我遠在臺北，都能感受到他的眉飛色舞。

　　我通常是開放一年內的主持預約，再久就沒辦法了，畢竟變數太多，好幾次我早早被陌生的新人預訂，朋友的婚禮我反而無法出席；所以後來稍微謹慎，身邊親友也才發現主持人令潔確實是somebody啊！深怕錯過，有時候求婚／被求婚當天就口頭告知「我明年可能要結婚啊！預計十月宴客，不要被約走了啊！」

　　但「好日子」是有限的，每到年底，網路上就會紛紛轉發「20xx年，好日子一覽表」，許多新人或長輩爲求一個莫名的心安，都要選在那幾天；於是乎，知名飯店、服務廠商因此顯得更加搶手。

　　Tony登記結婚的那一刻就打電話來敲我檔期，雖然偷跑了一個月，還是通融吧！

　　儘管有一年的準備時間，眞正開始進入熱烈討論和規劃，大多還是在婚期的兩個月前，太早談也沒用，想法日日都在變，時事也天天更新。本來說好讓弟弟當伴郎的，沒想到弟弟下週就發現女友懷孕了，趕在哥哥前頭結婚；月初還打算唱〈Forever Love〉的，王力宏事件一爆發，未婚妻堅決要換歌，烏克麗麗白練了；所以，預約之後的大半年，我都還算清閒，偶爾聽聽新人的牢騷、解答他們第一次結婚的疑惑就行。

　　Tony的婚禮就不只是牢騷那麼簡單了。他幾年前已經向父母及衆人出櫃（在Facebook寫了一篇長文），爸爸拍桌大吼、媽媽連續哭了兩、三個月，他們的大反應不僅來自於兒子喜歡男人，還包括得知兒子曾帶回家的兩位女朋友，其實是同志圈的另一對情侶麻吉。

　　後來，Tony父母終於接受這件事，但Tony的老公──小凱，就不一樣了。小凱直到跟Tony登記結爲「夫夫」的

那一刻，他家人才知道他是同性戀，更別提突然變成已婚身分；這先斬後奏的衝擊，讓母親直接進了醫院。

哪怕還有充裕的一整年，他們仍考慮把婚禮推遲到2020的冬季，至少確定小凱的母親康復為止。小凱也因為要就近照顧母親，暫時回鄉、搬離他和Tony的居所。

姑且不談同性或者異性，被父母反對的戀情，總是辛苦的。我曾經有過切身之痛，抗戰六年，最後仍為自己的固執付上慘烈代價；雖然結婚不需要法定代理人同意，但如果能重新選擇，我希望是在爸媽的祝福之下建立新的家庭。

長輩都有一套自己的標準和對子女的期盼：跟有錢的結婚、跟高學歷的結婚、跟性格好的結婚、跟身心健康的結婚、跟有穩定工作的結婚……這算勢利嗎？是眼睛長在頭頂嗎？似乎當過父母的才懂，這些出發點仍是愛，希望孩子的未來能更順遂。

可是，當我們戀愛ing，聽得了這些嗎？認為當然是我看得最清楚，無論要嫁誰、娶誰，都是我的自由！家人排山倒海的否定，在自我意識強烈的今日，有時反而成為堅持走下去的助力，甚至最後都忘記，究竟是太愛這個對象，還是為證明而證明罷了。

2020年，因為Covid-19籠罩臺灣，好多婚禮都辦不成

了。Tony跟我說抱歉，他們考量後，也改成一桌家宴，只有兩家人簡單吃飯，沒有活動，不需要請主持人了。

「說眞的，當時這麼急著結婚，這麼想辦婚禮，現在回頭想想，似乎某種程度是爲了爭一口氣而已，想昭告天下：『我們也可以！』其實也許……誰都沒準備好。」Tony說。

經歷了近九個月的折騰，Tony也不再一天到晚po照片大秀恩愛，或者更新婚禮進度；一個人宅在家的時光，讓他重新思考當初決定步入婚姻的關鍵理由。

2020年11月，Tony的臉書久違出現一則被tag的新貼文，是一張手寫紙條：「媽媽祝你和Tony婚姻美滿！孩子幸福，就是爲人父母的幸福，媽媽愛你。」

22
新娘隱患

　　伴娘，照理來說是新娘「最好的朋友」，但女生之間，從來就沒有什麼最好的朋友，友誼的小船能爲了各種理由撞冰山：爲了男人、爲了女人、爲了一個包包、爲了一句話……要撕破臉比眨眼還快（本來想說比翻書還快，但我覺得翻書其實挺慢的）。

　　之所以能給出這結論，不光是因爲我本身是位女性，還因爲我已經聽了無數新娘抱怨她們的伴娘。可怕的是，哪怕私下已經怒嗆伴娘「婊子」，在婚禮上又看著她們開心地抱在一起貼臉自拍、嘟嘴作勢親吻，彷彿婊子當天是比新郎還重要的存在。

　　小蔓就是其中一個例子。

　　她很困擾地來找我，跟我說她真的一點都不想讓美美當伴娘，但當初她是透過美美才認識瑤瑤，她找瑤瑤當伴娘之後，美美就理所應當以爲自己是另一位伴娘。

　　「這是妳的婚禮，妳最大，妳想讓誰當就讓誰當，不想就不要答應。」我給了一句金玉良言，實則毫無幫助的廢話，因爲小蔓早已無奈地默許美美，而且美美這幾週開

始瘋狂發網購連結、圖片給她，每天都問她伴娘要穿哪一件禮服好。

「她找的都是那種細肩帶、很露的，她覺得自己胸部大就想要穿深 V 那種，奇怪，這是我的場子，輪不到她秀身材吧！」

新娘在婚禮前，已經夠煩躁了，如果身為「閨蜜」的伴娘無法幫忙分擔，至少不該成為新娘的負擔。

我想起之前 Angelababy 結婚時，被網友評為心機最重的新娘，因為伴娘服顏色被批「醜到不行，看起來像大嬸」；而最有情有義的莫過於陳妍希，她讓伴娘團穿上仙女般的禮服，照片一出，新娘都差點被盛世美顏給淹沒。

雖然當過兩次伴娘，但我依然不理解「想當伴娘」的心情是什麼。如果是想幫忙拉裙擺、設計闖關遊戲、婚禮當天起個大早都願意，那來當個「工作人員」就行；自告奮勇說要當伴娘，是害怕人家不給妳這友情認證，還是想花枝招展得理直氣壯？

「美美說她很有當伴娘的經驗，超級清楚新娘的需要！」小蔓拿給我看美美選的一件銀白色桃心小禮服。「妳可以開玩笑地告訴美美，她身材這麼好，除非穿高領毛衣，否則不讓她當伴娘！」不錯吧？我覺得應該管用。

事實證明，美美並沒有穿高領毛衣，小蔓花五千多塊幫伴娘租了灰白色小洋裝，或許，大家都盡力了。

那麼，婚禮主持人，會成為新娘的隱患嗎？

婚禮業的主持人可粗略分為三類：
一、漂亮、身材好的女主持人
二、臉蛋平凡、身形相當豐腴的女主持人
三、男主持人

三種類型，各有各的市場。據我多年觀察，沒什麼自信的新娘，傾向找第二或第三類；但如果新娘自己傾國傾城，她就希望找一位同等漂亮的女性站在臺上，為婚禮增添色彩，因此，這種新娘最後都找了我（啊哈哈哈哈）。

大多時候，「主持人的穿著」並不在新郎、新娘的思考範圍，因為婚禮要忙的事情太多，比這件事重要的項目還有一長串！

除了會主動先詢問新娘三套禮服的顏色之外，我通常還會避開主角專屬的「紅」、「金」、「白」；若主持的是臺灣人婚禮，也不會選擇長輩們敏感的「黑」，並盡量以裙裝出席。因為長褲經常會被溶進飯店的服務員裡，站在臺上少了點氣勢，這主持人就襯不出婚禮的排場。為此，我媽媽非常了不起地幫我訂製了一系列過膝洋裝，顏

色齊全（粉、橘、黃、藍、紫），不會露胸，也秀不出我的細白大長腿。

但偶爾，要配合現場色系和主題，新人還是會給一個dress code。某次是一對參加登山社而相戀的新人，他們的婚禮佈景是森林，要求賓客都必須穿「大地色」，也特別要求我穿「墨綠色」。

在臺上，主持人的定位是綠葉，理應非常適合，可是當我發現他們的舞臺也幾乎是深綠的葉子時，我站在那兒，活像個沒有身體、只露一顆頭的小精靈，挺搞笑的！但新娘非常滿意！而我呢？只要能順利收到錢，要我包成木乃伊也沒問題的！

除了衣服之外，我還熱衷於耳環上的小巧思，新人喜歡Rilakkuma，我會特別戴一對熊圖樣的耳環；新人叫Annie和Brian，我就戴A、B造型字母耳環；新人是基督徒，我則選亮晶晶十字架耳環。這種很小很小很小的地方，全場可能沒有半個人會留意到，卻成為我每次主持婚禮的小確幸。

我第二次主持陌生客戶婚禮的時候，新娘在籌備會議就主動告知：「妳想穿什麼就穿什麼！越美越好！主持人美，很重要！」

　　其實這句話也可能是客套，但她本人眞的擁有天使臉孔、魔鬼身材，美若天仙的程度是我就算裸體，全場的目光還會聚焦於她。

　　「好！那我就穿低胸！開高衩！」講完之後，大家都笑了，繼續討論流程。

　　過不久，新郎悄悄地傳了一張紙條給我：
　　「令潔，不好意思，可以請妳不要穿低胸或開高衩嗎？因為我希望我老婆才是大家的焦點。」

　　從那天起，我認眞明白：玩笑不能隨便亂開！
　　怎麼可能穿低胸開高衩啦！這點職業道德還是有的！
　　美麗的新娘，嫁給會替她著想的另一半，眞好！
　　但願不是因爲新郎怕我太正了！他會受不了！
　　（又開玩笑了，我面壁思過！）

23
誰的老公

來講講我自己婚禮前發生的一件事吧！
婚禮前三個多月，我們去拍了婚紗。

拍婚紗有兩種常見的方案：
一、跟婚紗公司租借禮服、自己找工作室或攝影師拍照、找新祕化妝，三者為獨立事件。

二、跟婚紗公司和借禮服，並與他們配合的攝影團隊合作，婚紗的費用可以享有折扣，還免費附化妝。

怎麼看都是後者划算，除非對某特定攝影團隊或妝髮師有愛，否則，你知道的，大家的婚紗照都差不多那樣，跟自己長得一點也不像的那種樣子。

在拍照前幾天，我們和攝影師、化妝師先約時間討論細節，希望能拍出生活最自然的一面：在校園散步、搞怪、勾肩搭背……不需要刻意上山下海；不需要找網美景點；也不需要遠遠長鏡頭凸顯意境、主角卻很迷你的構圖。事前溝通其實都不困難，難的是對方有沒有把客戶的話放在心裡。

「化妝的部分，只有一個要求：千萬千萬不要畫我的眉毛。因為我眉毛已經很濃了，再畫就太多了！」做婚禮主持以來，我合作過幾位妝髮師，曾深深體會讓蠟筆小新主持婚禮的驚悚。

「那老公這邊呢？有沒有喜歡的髮型？」妝髮師問。

「我想要看起來年輕一點，頭髮可以抓高或是噴一點點咖啡色。」老公回答。

「好，不能畫令潔的眉毛，然後老公頭髮要抓高和咖啡色。」妝髮師寫下註記。

在回家路上，我跟先生說，這個化妝的人有一個不太好的語言習慣，她直接叫我先生：「老公」。

先生：「有嗎？」

我：「她講了兩次，感覺很怪，又不是她的老公。」

先生：「是噢？我完全沒發現耶！那拍婚紗當天，如果她再說，我來跟她講一下。」

這男人最man的地方，就是他總能用溫和的語氣及態度溝通，化解本來要爆炸的衝突，所以我們有個不成文協議：但凡需要跟外人反應什麼，都由他開口，除非擺明要吵架，才派我出馬（哈哈哈哈）。

拍照當天，我們起了大早，八點準時至攝影棚報到。

「我先畫令潔噢！老公吃過早餐了嗎？可以先去買吃的，因為我們需要兩個小時左右噢！」妝髮師說。

我使了一個「U SEE SEE!!!」的眼神給先生，他讀懂了，趕緊接話：「不好意思，麻煩妳叫我衛先生，叫『老公』聽起來怪怪的。」我從鏡子裡看著這男人，並用挑眉為他點讚。

「不好意思！我幫新人化妝都這樣叫耶！習慣了！」
「那麻煩妳今天多注意一下，叫我衛先生，謝謝！」
「喔，好……」她應聲，一邊把粉底液擠到美妝蛋上。

我暫時卸下一個重擔，開心地迎接這天，今天我們要跑兩個景點拍照：一是我待了四年的大學，二是我待了八年的幼稚園＋小學。還真是個舊念的人吶！

婚紗公司配合的這位攝影師，走一種頹廢藝術家路線，戴著超大的粗框眼鏡，還有點落腮鬍。「嗯……我想想看……來，你們先牽手，從那裡走過來，不要看鏡頭，老公看老婆。」

在主持婚禮的現場，我通常直接叫新郎新娘的名字，親近又不失禮貌，或者偶爾稱呼男生的姓氏：「○先生、×先生」，所以我這才第一次注意到，攝影師和妝髮師的職業病。

　　就像全家大小去百貨公司選購衣物，店員會問「是爸爸要穿的嗎？還是媽媽要穿的？」一樣意思，他們覺得這種稱謂能幫忙拉近關係，大家似乎也習以為常，沒人會把這語法錯誤當個事。

　　「老勾……呃……衛先生，我幫你調整一下領結的角度。」妝髮師有意識到，雖然剛才那個「公」已經呼之欲出，但我願意再給她一次機會。

　　拍照時我心不在焉，耳朵張得超大，很怕又聽到什麼不想聽的話，還好後來大多時間是攝影師發揮，而他的變化較多：有時是「先生環抱太太」，有時是「女生捧男生的臉」，有時是「夫妻互看」、「老公牽老婆」，倒沒有單獨喊過「老公」或「老婆」。

　　拍完第一站，我和先生都有點肌肉僵硬了（我耳朵也痠了）；攝影團隊陪我們在校園漫步，一會蹲著、一會趴著，汗如雨下；妝髮師也不像一早那麼有精神，連打了幾個哈欠，大家都相當沉默。

　　來到第二站，是我最熟悉的小學。我跟攝影師說，要不這裡就由我和先生自行發揮，他負責在一旁捕捉我們的互動就好。本來有些疲倦的，我和先生卻因為不需要再刻意管左手放哪、右手抬高、下巴壓低，反而真心笑開了，接下來兩個小時，我們打打鬧鬧玩得不亦樂乎。

拍婚紗還真挺累的，就在這麼幾站奔波、換造型之間，已經從早上八點來到下午五點，整整九個小時；收工那一刻，只希望相機有裝電池，其他都不重要了。

可能正因為鬆懈了，在我進教室把白紗換下來時，突然聽見妝髮師大聲地喊：「老公！老公！你的鞋子我先放車上囉！」

@＃＄％＾＆＊@＃＄％＾＆＊@＃＄％＾＆＊@＃＄％

我在心裡飆了幾句髒話，火速換裝完畢，衝出去賞妝髮師兩巴掌。

沒有啦！我只敢在腦中幻想把她揍得鼻青臉腫，實際上走出教室，我仍然默默地開車載團隊回攝影棚。

她是真的那麼White Eye？還是因為我先生太帥了，她想方設法要找機會吃豆腐呢？無論是哪一個原因，我提醒自己：婚禮工作者該有的基本態度，是以客戶的需求為主、時刻儆醒，否則，莫名就斷送了未來合作機會。

事後，當妝髮師得知我是婚禮主持人，表示希望以後能長期與我配合時，我笑著拒絕了。

謝謝妳，此生不復相見。

24
婚姻界線

　　在我所看過各種教導「關係」的書籍裡，學習「立界線」一直是亙古不變的重要原則，親子關係、夫妻關係、朋友關係⋯⋯都需要界線。父母要讓孩子知道界線在哪裡，什麼是不能打破的規矩；夫妻兩人也要有相互尊重的界線，可以不分你我但不能強行占有；朋友的界線，感情再親也無權干涉別人的生活或決定。

　　其中，我最在意也最小心翼翼的一條界線，是與異性的界線。

　　這對我來說，可能是比做家事還難的功課（雖然做家事真的很難），因為從小到大，太多男性好友、藍顏知己；大學時期更因為混在宅宅系裡，萬綠叢中一點紅的聚會算是常態，跟男生出去、講話聊天，何止平凡，簡直是固定作息。所以當我在真理的路上學著立界線時，覺得太難了！太不科學！違反本性！但感謝上帝，認識先生之前，我已經稍微被調整；跟先生在一起之後，儼然脫胎換骨。（笑）

　　在這裡向各位男性坦承一件事：你們傳訊息、打電話來聊了啥，我先生都知道。雖然他從沒要求我彙報，也根

本懶得查看我手機，我仍然會如實以告。若在他面前跟異性講電話，我都直接開擴音，不單獨和異性約見面、不單獨坐異性的車……爲什麼呢？

一方面是我愛老公，不希望在他不知情時，我和某位異性彷彿有個屬於我們的祕密。那種「祕密感」經常就是婚姻的破口，會成爲一種電網，因爲沒有人知道，在黑暗中進行，因此可能越走越深，後來，就漸漸能讀懂對方的意思、好感，接著，終有一天會點燃、爆炸。

另一方面是我想保護婚姻，不要有任何被誘惑、被試探的機會。什麼都讓先生知道，除了建立彼此信任的安全感，也幫助我不會對異性說出、做出什麼奇怪的事，畢竟口才頗佳、又有點姿色的我（喂～），要把人逗樂很容易，聽說啦只是聽說，男人對於能令他開心的女人總是念念不忘。

目前爲止，過得很好。

有界線地與異性互動，已經成爲反射動作，不需要刻意思想或努力（可能也是因爲我老了，沒有異性想特別跟我怎樣怎樣了）。

每當八卦周刊拍到誰誰誰「疑似」外遇的照片，討論眞眞假假沒多大意義，不清楚實情，沒有評論的立場，但

我總想起「界線」。結了婚的人，和異性保持距離，是對家庭和婚姻的基本尊重；這並不限定在單獨、私約，而是只要配偶在意，或對自己丈夫／妻子與某些異性的互動感覺不舒服，我們就必須斬斷那些關係，不是去斬斷婚姻！

「我跟他／她明明就沒有怎麼樣！」

這句話非常經典！
在夫妻、情侶爭吵的過程中，耳熟能詳。

我曾不懂嗎？我和一位青梅竹馬認識近三十年，一路分享各種心事、彼此了解，在每一段戀情相互打氣、支持、當參謀，可以說是最好的朋友。從來沒有曖昧言語，卽使兩人同處一空間，三十年來，連手都沒牽過（好啦我承認幼稚園小班有一次），純到不能再純，他的現任女友還是我幫忙撮合的。

結果呢？我成為現任女友的頭號敵人，七年了，不准我們聯絡。因為她深信，我們一定有怎麼樣！

還眞沒有怎麼樣！

（註：青梅竹馬以前說他就算哪天跟我脫光光躺在床上，腦中也會自動播送我小學一年級表演數來寶的聲音，什麼fu都沒了！）

但也沒啥好抗辯。

雖然一方面，我很難過失去一位親如家人的兄弟；另一方面，我又很開心青梅竹馬在朋友和女友之間，選的是女友，因為一旦修成正果，他們才是陪伴彼此共度餘生的人。

還有，寶寶啊！所有的「怎麼樣」，都是從「沒有怎麼樣」開始的。

這裡指的不是控制狂或恐怖情人的無邊妄想，而是當我們不與異性立界線，走著走著，可能就會走歪。很多人當小三，是發現你留了一個空間給他／她容身，倒不是因為你魅力多大，也不是對方打從一開始就立志要破壞你的家庭。

「我真的可以到你車上坐坐嗎……」、「啊……這樣不跟你老婆說，真的好嗎……」、「原來我們可以每天互道晚安嗎……」

那一刻起，小三和小王的腦內小劇場才真正展開；在此之前，你可能從沒成為他／她的幻想對象。於是，在某個不小心多喝幾杯的夜晚、某次坦白內心脆弱的交談、在辦公室嬉笑時不經意的觸碰、在突然漏電的眼神……

「我們真的沒有怎麼樣！」這句話可以說得坦蕩蕩，

但不能沒有歉意；哪怕是正宮失心瘋誤會，都還是要為傷害了這段婚姻而道歉。

　　「我需要為別人的感覺負責嗎？」情緒勒索裡，常提到這個觀念。我們確實不必被別人的感受綁架，但就連在路上「差點」撞到陌生人都會說聲對不起了，讓丈夫／妻子不舒服的言行舉止，當然值得真心懺悔。世界上有那麼多異性，配偶為什麼會單單在意「某幾個」？我想，談過戀愛的人應該多少都知道，「某幾個」並不是靠「國王下山來點兵」胡亂選出來的。

　　是不是有點辛苦呢？很多人沒意識到，結婚之後的首要責任，不在生孩子或買房子，而在經營這段得來不易的關係。婚姻是要靠兩個人「努力」養活的！你在家種朵花，都每天呵護深怕它死掉；面對走一生的婚姻，怎麼可以任憑它枯、它謝、它被鄰居隨意捏兩下呢？

25
夢醒時分

　　音樂是婚禮的重要元素之一。雖然絕大多數賓客都忙著敘舊、把酒言歡，沒什麼人會專心聽音樂，但它絕對是營造氣氛的靈魂。

　　宴客時，通常新人會進場兩次：第一次較有神聖、莊嚴感；第二次走活潑、熱情風格。自從周杰倫和昆凌在英國教堂舉辦了世紀婚禮之後，臺灣的喜宴似乎就鮮少聽見〈結婚進行曲〉，第一次進場清一色採用周杰倫譜的那首，彷彿國歌一般，經典又兼顧流行；第二次進場，歌曲變化就多了，以歡快輕鬆為主，有時是新郎、新娘對唱定情曲；有時是請樂團表演；連我都曾身負重任，一邊唱〈今天你要嫁給我〉一邊歡迎新人入場。

　　樂團比隨身碟更能隨機應變。曾經有一場婚禮，坐在二樓的音控已經開始播〈How Long Will I Love You〉了，但新娘行走的速度比彩排時緩慢許多，副歌都快播完了，新娘距離定位還十萬八千里。後來音樂整個結束，現場變得很乾，我趕快說一些話來填補空洞；如果當時有現場樂團，至少能確保不間斷的旋律。

　　但有些樂團喜歡把婚禮當成自己的主場秀，每表演完

一首歌，就要再三宣傳樂團名稱、粉絲團名稱、平時的駐唱時間、地點，洗腦眾人。我認為適當打廣告沒問題，但樂團名字出現的次數，比新人名字還多，實在喧賓奪主。

萱萱的婚禮，上臺唱歌的不是新郎新娘，不是婚禮樂團，也不是我，而是她的婆婆。婆婆的興趣就是哼哼唱唱，年輕時參加過幾次歌唱比賽，從未得獎，信心卻越發增強；這輩子沒登過大舞臺，等了35年，等到獨生子結婚，當天還有近三百名自動上門的聽眾；據說她特地找專業老師指導、練習了一、兩個月，只為把〈月亮代表我的心〉動人演繹。

萱萱覺得婆婆開心最重要，畢竟是婆婆生了這麼個好兒子，雖然這兒子長相跟公公如同一個模子刻出來，但性格不像公公那麼人來瘋，百分之百遺傳到婆婆的溫和，所以感謝婆婆都還不及，讓她唱首歌一點也不過分。

萱萱沒料到的是，婆婆演唱完畢，公公與一位男士勾肩搭背、搖搖晃晃走到舞臺邊，開口說話了：「主持人，林大哥也要唱一首！請妳介紹一下！」

萱萱從主桌緊緊盯著我，還偷偷用手比了一個叉叉。

我：「好！林大哥，是嗎？」
公公：「對，妳就說是我好朋友！我的拜把兄弟！」

　　咦？大家知道無論是臺上敬酒，還是臺下的逐桌敬酒，主婚人和新人喝的都是葡萄汁嗎？結過婚的都很清楚那・不・是・酒！所以有時候在眾親友催逼下，會被迫喝下「眞酒」；或者在被調侃之前，爲保全顏面，自己倒酒喝。我感覺新郎爸爸是屬於第三種：眞的愛喝酒XD。

　　我：「好，下一個環節是伴郎、伴娘要致詞，等他們致詞完，就幫林大哥安排噢！林大哥是想要清唱嗎？」

　　「不是有樂團嗎？請他們幫忙伴奏嘛！」男方主婚人開口了，我只好先敷衍過去，再趁著空檔衝去問新人。

　　「那就讓他唱一首吧！他八成是醉ㄌ！眞的只能一首噢！」新郎知道林伯伯跟爸爸的鐵桿交情，也知道新娘千百個不願意。

　　「好……」新娘萱萱點頭答應的時候，還捏了一下我的手。

　　「林大哥，請問您等一下想要唱什麼歌呢？」得到新人首肯後，我自在許多。

　　「你決定啦！請主持人跟樂團說一下！他們都很專業的餒！我先去無暇啦！（臺語的「我先去忙」）」男方爸爸被親戚們呼喚要大合照，拿著酒瓶小跑步過去。

「呃⋯⋯我想一下噢⋯⋯呃⋯⋯那首歌叫什麼⋯⋯唉唷⋯⋯剛才明明還記得的！」不確定林大哥是酒精麻痺，還是忘了吃銀杏。

「那個啦！金曲歌后的歌！有拿金曲獎的那個！叫什麼⋯⋯」他很努力拼湊記憶。

「張惠妹的嗎？還是蔡健雅？」我本來想問田馥甄或徐佳瑩，但彷彿有聖靈提醒我，林大哥不是在講她們。

「陳啦！姓陳！陳什麼⋯⋯」快出來了，快出來了！
「還是我來google一下？」我拿起手機，準備搜尋。
「啊！陳淑樺啦！對啦！陳淑樺！〈夢醒時分〉！」

⋯⋯⋯⋯⋯⋯⋯⋯⋯⋯⋯⋯⋯⋯⋯⋯⋯⋯⋯⋯⋯

大哥！！！三十年前的金曲獎，我還沒出生啊！！！
而且！！！婚禮不能唱〈夢醒時分〉啦！！！

你～說～你愛了不該愛的人～
你的心中滿是傷痕～
你說你犯了不該犯的錯～
心中滿是悔恨～

　　聽多了婚禮歌曲，我發現最常被「誤放」的是James Blunt的〈You're Beautiful〉。這首在喜宴上出現頻率很高，副歌彷彿在形容美麗的新娘，但歌詞的最後一句是：But it's time to face the truth, I will never be with you.（譯：但該面對現實了，我永遠無法與你相守。）耳熟能詳的英文歌，似乎從未有人去理解歌詞、發現錯誤；每次在婚禮聽見這首歌，不禁又要感嘆真是大意。

　　但〈夢醒時分〉賓客肯定是能聽懂的啊！！！

　　幸好，當人的樂團沒有任何一位樂手老師熟悉這首歌，臨時也找不到譜，林大哥爽快地表示「沒關係！那就不唱了！下次再唱！」並在哄鬧中，抱著酒杯睡著了。

26
方總二婚

印象深刻的，還有一場方總的婚禮。

　　方總結縭20載的妻子罹癌，因爲這病算是有些變異，全臺灣的案例不超過五人，方總帶著妻子跑了各大知名醫院，醫生最後也無能爲力。告別式上，方總一個將近一米九的大個子頻頻拭淚，本來就不算壯的他，又暴瘦8公斤；每個人都期盼他能重新振作，就算不爲自己，也要爲那對正在唸高中的可愛女兒們好好生活。

　　48歲的方總，從畢業後兼職、約聘開始，就待在同一間公司，穩穩地勤奮工作，打拼二十多年，坐上了總經理的位置。這單位是他的家，同事們都親如家人，優雅的方太太經常帶自製的手工布丁分享給公司夥伴。早在方總還只是業務助理的時候，方太太的溫婉就擄獲全部門的心，還有新進員工誤認她就是總經理夫人。

　　她的離去，實在是一大衝擊。方總每天仍然準時打卡上下班，但看得出來他的心空蕩蕩。直到三年後，方總在一場國際產業論壇，認識了一位女孩。

　　方總很久沒開懷大笑了，在女孩的溫暖中，漸漸找回

那個幽默的自己。辦公室的氣氛有些許變化，公司同仁也感受到方總戀愛了，因為以前的方總「回來了」；縱然緬懷方太太，仍然樂見其成。

交往半年後，方總邀請我主持他們的婚禮。

新娘是安徽桐城人，比我小兩歲，長相清秀。她和方總24歲的年齡差距在外貌上是能看出來的，不過因為她也很高，大概有175吧！穿上高跟鞋，多數賓客坐在位子上或許根本看不清這對新人的長相。

新娘沒有婚姻紀錄，又因為遠嫁臺灣，父母都很希望能隆重辦這場婚禮，但若真要搞太盛大，似乎有一種說不上的微妙感；於是，方總的折衷方案是：在安徽宴客席開四十桌，花大錢請人佈置，不僅像皇室城堡，會場內還有一座小橋，只差沒有划船進場了；而在臺北，就只請八桌，家人和公司同事。

這天，方總頭髮梳得高高的，還噴了一點金色，但髮量無法掩飾中年大叔的事實，造型顯得有些俏皮；新娘喜歡古典、飄逸白紗，租了一件仙女才能駕御的禮服（聽說那個牌子一件就抵我們三件的錢了！），沒有再換其他套。整體流程也很簡單：沒有抽捧花（在安徽抽過了）、沒有抽花椰菜（方總的好友都是人夫／人父了）、沒有遊戲（饒了長輩們吧！）。

　　我看了安徽那場婚禮的影片全輯，留意到方總並沒有致詞，所以詢問他在這場是否想講話。「不用啦！我們請董事長上臺致詞就好了！」二十多年前，董事長面試方總進公司，就對方總讚許有嘉，沒想到，這次指派方總參加國際論壇，還成了方總的媒人。

　　董事長年邁，語速很慢。他說，與方總共事這麼多年，方總一直是如此認真、誠懇，又謙遜；最近幾年，看到方總消沉，他也很不捨，今天終於卸下一塊石頭，希望方總快樂、健康、幸福。

　　方總站在舞臺上，右手牽著新娘，左手拿出口袋裡的手帕拭淚。方總哭了，身旁的新娘摸摸他的臉，也流淚了。我不知道他們在想些什麼，是感謝、感動，還是感慨？兩人的手緊緊握著，我遞面紙上臺，轉過身發現自己眼眶竟也是濕的。

　　送客時，方總的同事請我幫忙她們與方總的一位女兒拍照，方總女兒穿著淺綠色長裙，神韻跟爸爸很像。

　　「謝謝你們來參加我爸爸的婚禮。」比完「手指愛心」，她客氣地說。
　　「妹妹今天沒來嗎？」同事問。
　　「嗯，她還是接受不了，昨天看著媽媽照片哭了一整個晚上。」

「慢慢來，需要時間。」同事拍了拍大女兒的肩膀。
「嗯，我會陪她的。」

　　我把手機還給同事之後，快步走回舞臺邊，又抽了兩
張面紙，啊！我也想念天上的媽媽。

27
胎神來了

　　2020年，本該迎接這世紀的結婚潮，因為有「愛你愛你」的諧音加成，是個好兆頭；沒想到新冠肺炎的出現，比吵架、三觀不合還可怕，讓原先要結婚的小倆口們，紛紛取消宴客或延期。

　　我是在疫情期間結婚的，雖然正好是臺灣情況較穩定、放寬集會規定的第二天，但我們還是只邀請了家人，和最親近的幾位朋友。這正合我意，我一直覺得婚禮現場，應該全是帶著滿心祝福而來的人，所有不熟的、遠房的、為了找對象的、礙於人情壓力參加的，都不必來！因為婚禮的精髓不是賺紅包錢，也不是搞個活動盼大家共襄盛舉，而是愛你的人們打從心底歡喜，以致於想親臨現場告訴你：「我真高興看到你幸福！」

　　我也不希望大家帶著尚未有婚約的男女朋友一起參加（雖然還是來了兩位），因為全體大合照會被我加洗、放大珍藏，並po上社群媒體。如果你是我的好家人、好朋友，未來你真正的「另一半」100%能看見這張照片──這張你很想銷毀，但我不可能為了你撤下的回憶（果然兩對都已經分手了）。

　　婚禮前夕，我寄出請帖後，曉曉打電話來。她說真的好想出席，可是她懷孕了，家中長輩叫她別出門。

　　「沒關係呀！妳安心養胎，之後我們再聚！」
　　「其實我身體狀況很好，但因為有胎神的問題……」
　　「胎神？那是什麼？」
　　「長輩說孕婦有胎神保護，胎神比新娘神大，我參加婚禮對妳的婚姻不好。」

　　原來婚姻好壞，會受胎神影響啊！！！
　　我第一次聽說有胎神這種鬼東西！！！

　　「等等！所以妳可以來，只是怕我婚姻不幸福嗎？」
　　「對呀！令潔，妳介意嗎？我可以去嗎？我好想去！」
　　「妳放心來吧！跟長輩說，新郎新娘是基督徒，他們信的耶穌比胎神更大，耶穌掌管這段婚姻！」

　　要比大小是吧！！！
　　Who怕Who啊！！！

　　「哇！真的嗎？我真的可以去嗎？謝謝令潔……嗚嗚嗚……我會儘量離妳遠一點，拍照會躲在邊邊。」
　　「不用啦！妳怎麼自在就怎麼做！我們都沒問題！妳覺得想休息也可以在家裡噢！別有壓力！」

　　曉曉還是出席了婚禮。那天她很謹慎地避免和我直接接觸，拍大合照時果然站得遠遠的，差點出鏡，真是逗樂我了。

　　不過，當天的孕婦一共有三位：我嫂嫂、二十年的閨蜜、曉曉。

　　在我的觀念裡，孩子是家庭的祝福，尊重彼此信仰的同時，也得尊重每位「母親」經歷十個月懷胎辛苦。老要接收「妳可以做什麼、不能做什麼，否則就會怎樣怎樣」的「好心叮嚀」，難怪這麼多媽媽產前、產後憂鬱呢！

　　嫂嫂和閨蜜壓根沒問能不能來參加婚禮的問題，所以我特地去搜尋了一下「胎神」的典故。古早時代的人，出個門不像現在那麼容易，可能要跋山涉水、舟車勞頓；因此，為避免孕婦東奔西跑，「胎神」之說才流行起來。

　　至於是不是真能危及他人婚姻呢？有這麼厲害就好囉！看誰不順眼，就挺個肚子走進他的婚宴現場吧！

　　結婚近半年後，我接到另一位朋友的電話。

　　「令潔，不好意思……我想問一下，妳是六月還是七月結婚的？因為長輩說，結婚四個月內的人，都還有新娘神，可能會沖到我的新娘神……龍龍和小瑩都沖到了。

我的婚禮是十月四號，所以想來跟妳確認一下妳的結婚日期……」

「我是五月結婚的。」我回答。
「耶！太好了！已經超過四個月了！」朋友很開心。

婚姻美滿，是因為夫妻共同用心維繫？還是因為有好好翻農民曆，挑選「宜嫁娶」的日子呢？

兩人離異，是因為拒絕坦誠溝通？還是因為宴客時，忘了吃那道「花好月圓」（炸湯圓）呢？

二十一世紀了！各位！加油，好嗎！

28
大齡剩女

婚宴的一個必備環節：拋捧花。

這是屬於單身姐妹們的活動，新娘背對大家，將手中的捧花往後一拋，誰搶到這束花，可能就是下一位步入婚姻的幸運兒，寓意是幸福傳承。

我主持過的婚禮，早些年捧花還真是用「拋」的，但新娘的拋物技術多半很差，對自己的捧花重量毫無概念，尤其真花底下還有水，這束美麗花朵在背後直接被砸個稀爛是常見的結局。那些穿著高跟鞋和裙子等著搶花的女孩們，也挺不配合的，可能是擔心太猛烈跳起來抓，顯得太著急出嫁；但溫文儒雅、像個淑女那般等待，最後也是眼睜睜看著花兒在地上四碎。

主持人真心很討厭這種「可預見的突發狀況」。不能說「碎碎平安」，不能說「再找束花，重新丟一次」，不能說「看來沒人能幸福啊」，左右為難。有一次，新娘從高高的樓梯舞臺上往後拋捧花，眼看就要落地了，一男士衝出來幫忙接住，撞到臺階，額頭當場血流不止，導致有好一陣子，我不僅討厭這環節，甚至還很恐懼。

　　可能是看多了前輩們的慘烈經驗，這幾年，大家都收斂了許多。有新娘直接指定給自己最親的妹妹；有新娘根本捨棄這活動（我本人）；大部分則是用抽的，在花束上綁好緞帶，女生一人握著一條線，數到3一起拉線，誰的線連在捧花上，都是命中注定。

　　這麼一來，所有單身女生都鐵定要站在舞臺上，沒辦法像以往那樣，跟著混進臺下的人群中搶奪，於是，新問題出現：很多女生不願上臺！

　　二十幾歲，我從來沒有抽中誰的捧花，有幾個時期「想婚」到了極點，卻都因為花落別人家，我只好告訴自己「還不到時候」。

　　三十幾歲，我已經不想上臺抽捧花，尤其看著以前同學全坐一桌，只有自己被點名，很想借尿遁逃跑。若真抽到也就罷了，可能會稍微接受朋友的調侃；萬一沒抽中又走下臺，就明擺著告訴眾人這位是「大齡剩女」，手裡還拎著新娘送的安慰獎（經常是肥皂，臺灣的新娘熱愛送姐妹們肥皂），彷彿暗喻我可以洗洗睡了。

　　所以，做主持工作幾年之後，我才理解那些不想上臺的心情。

　　婚禮前一夜，新娘還又更動捧花名單，已然是常態。

有時候活動開始了，喊了六個名字卻只看到五個人，另一位怎麼也不見蹤影，緞帶硬生生多出一條；為了湊數，新娘偶爾會臨時拜託我加入。

有一次，抽中捧花的女生——茜茜，開心地哭了！我也很高興！

新娘欣喜地拿著麥克風說：「桓哥，上臺啊！」

「桓哥，是男朋友嗎？」我問。

「對！他們交往五年了！」新娘超級興奮，指著MBA桌的一位男生，長得超像王陽明的大帥哥。

「哇嗚！歡迎桓哥，一起上臺跟幸福的新人合影！」

桓哥笑了笑，搖搖手。

這在婚禮上，其實挺司空見慣的，畢竟連主婚人邀請來賓致詞，都有賓客會當眾婉拒，所以沒啥大不了！只要搬出「害羞」二字，就等於搬出了臺階。

三十四歲的茜茜，後來沒有嫁給桓哥。

我怎麼知道呢？

因為隔年，我主持了茜茜的婚禮，新郎不是桓哥。

她問我記得當時那個不想上臺拍照的桓哥嗎？老實說，要不是他長得像王陽明，這麼多場主持，我哪會記得一個只有一面（一秒）之緣的賓客啊！

茜茜說，前男友本來就是不婚主義，但她以為在一起久了，就能改變他的心意，沒想到桓哥依然堅定如山。拿到捧花那天，她百感交集，婚禮結束後，她鼓起勇氣再問了他一次有沒有結婚的打算，桓哥搖搖手，跟拒絕上臺的神情一樣。於是，他們分手了，茜茜加入婚友社，找到一個願意娶她的男人。

我想起婚禮的另一個經典環節：拋花椰菜。

和拋捧花的概念相同，只是由新郎丟給單身男子們。為了形容男生恐婚、拒婚的心態，國外有些搞笑影片是：新郎把菜一拋出去，所有人一哄而散，能跑多遠跑多遠。

不知道是莎士比亞說的，還是毛主席說的：「不以結婚為前提的戀愛，都是耍流氓。」

那麼，明知道人家不婚，戀愛後又要逼婚，是不是要流氓呢？

29
白馬王子

不婚主義的人很多，白馬王子就是其中之一。

他是我的小學、初中、高中同學，因爲擅長馬術，有了「白馬王子」的稱號。

不知道他是哪一年開始被大家認定爲帥哥的。爲什麼我會不知道呢？因爲在我的記憶裡，從第一眼到現在，他都是那般風采翩翩。小學三年級，他是我的同桌，曾經滄海難爲水啊！此後換位子，我再也記不得旁邊是誰了。

以前我是個不折不扣的小花癡，知道他喜歡NBA，我每天下課就去書店抽球員卡，抽到知名明星就送給他；知道他喜歡音樂，我央求媽媽讓我學長笛，只爲了班級活動可以與他一起合奏。我按三餐表白：「王子，我喜歡你。」雖然是肺腑之言，卻變得相當廉價。

「可是我不想結婚啊！」六年級的小男生，在四下無人的空教室對著小女生講出這句，實在太爆笑了！我當時也不懂，認定這是拒絕小女生的說詞，因此，迫於無奈地把白馬王子的名字從心上劃除。

　　初中、高中階段，越來越多人發現白馬王子的魅力。幾位女同學偷偷成立了後援會（對的，我依然是成員之一），但凡有最新消息，都會開心地彼此分享。白馬王子沒有交任何女朋友，他始終靦腆，說話總是溫柔，他在女粉絲的心中是個完美的存在。

　　我和白馬王子在大學時期還保持聯繫。唯一的一次相約吃牛排，天啊在家裡光是選衣服我就選了兩個多小時！晚餐過程，看著他迷人雙眼，我腦子一片空白，只記得他說以後要當牙醫，還有，他仍是不婚主義。

　　都十年了！白馬王子真是始終如一啊！

　　下一個十年，我們完全失聯，直到他私訊我的粉絲專頁，請我主持他的婚禮。

　　「白馬王子要結婚了！」雖然驚訝到想趕快跟後援會成員們分享，但因爲主持人經常是率先收到喜訊，在當事人還沒有公開發喜帖之前，職業操守使得我必須保密。

　　我習慣寄一份問卷給新人填寫，爲的是要更認識他們：知道他們名字正確讀音、期待的婚禮風格、男女儐相身分、想在喜宴上被提及的事、千萬不可聊到的禁忌話題……還有一部分，是關於新人的交往、甜美回憶、最喜歡彼此哪一點。

　　最喜歡彼此哪一點？新人原本沒必要告訴我。刻意加上這題，是希望他們在繁複的婚禮籌備過程，也能因為要寫主持人出的作業，重新記起愛情的開始與初心。

　　白馬王子是這麼回的：「因為她了解我的內心，了解我的軟弱。」

　　雖然十年沒聯繫了，但在我的認知裡，白馬王子還是那位完美的王子，無懈可擊。想到我們這群瘋狂崇拜他的粉絲們，看到的全是他籃球打得好、會騎馬、會吹薩克斯風、淺笑的迷人氣質……他有缺點嗎？有軟弱嗎？沒有，斷乎沒有！

　　每次收到的問卷回覆都大同小異：「喜歡他的體貼細心」、「愛她笑起來的樣子」、「喜歡她凡事都以我為主」、「愛她的善良」……這一刻，卻被白馬王子出乎意料的答案感動了。

　　我在書上曾看過這樣一段話：「假使你不能與你的太太分享內心深處的世界，那也沒有其他任何妙方可以讓你們處得好。當她更多認識到你的內心，不論看到的是好是壞，都只會讓你的她更深被你吸引。」

　　這個社會，變態地讓男人以為自己不能表現任何脆弱，女人也因為迷戀偶像劇男主角的形象，讓（沒看偶像

劇的）男人以為，坦承失落或恐懼會有損男子氣概。其
實，能讓主人公自在地卸下心防，又同時能得到安慰和敬
重的關係，才是幸福。

　　婚禮上，白馬王子走進場時，沒有騎著白馬，卻像童
話故事那樣美。他的眼神，流露著前所未有的自信，不是
當年投進三分球的帥氣，不是吹奏爵士樂曲的才氣，他結
婚了，他娶了愛情。

30
慶賀差異

　　許多飯店會附免費主持人，但他們有些畢竟仍是一位餐廳職員，要忙的事情很多，無法把每一對新人提及的細節記清楚，有時候午場、晚場，只是換換新郎新娘名字，其他的臺詞都一字未動。

　　我更希望自己是新人的「朋友」，像一位陪他們走過交往、求婚過程的貼心摯友；因為了解他們的背景、熟悉他們的故事，在婚禮某些時刻，自然能有溫度地同樂、同哭。

　　可是，依據新人的下訂時間不同，加上他們籌備喜宴焦頭爛額，我們不一定有足夠時間相處，這時候那份「問卷」就很關鍵；除了新郎新娘字面上的回覆，從答題方式也能看出兩人個性，很有意思。

　　這份問卷只有一張A4大小，女孩子卻喜歡洋洋灑灑把它當畢業論文來寫，最高紀錄是某位新娘自行加了五頁回傳給我；而她的先生就更妙了，惜字如金，作答時連個逗號都沒有，就結束了。

　　問：你最喜歡新娘的哪一點？
　　答：可愛。

問：認識／交往時間和經過？
答：四年前外婆介紹。

問：在你記憶中，兩人最甜美的回憶？
答：去香港玩。

問：婚禮上，主持人千萬不可提及的話題？
答：前女友的名字。

我哪知道你前女友叫什麼名字啦！！！
好歹給個姓氏嘛！！！

絕大多數的case，「互補」類型的新人較多，女人敏感、細膩；男人更理性、客觀。女人可以因為髮型或衣著，影響一天的心情；而百分之九十的男人，如果讓他們閉上眼睛，可能根本不記得自己身上穿什麼。

夫妻能截長補短很棒！比方說：整齊和邋遢的組合，丟三落四的那人，會很樂見對方願意收拾！有潔癖的人也不再堅持擺放原則，認識到原來偶爾雜亂可以是生活的放鬆調劑；好動和文靜的組合，一個終於體驗走出舒適圈冒險的新奇，另一個學會享受窩在家泡茶讀書的雅致。

這些值得慶賀的差異，在交往階段，由於彼此深深著迷，為了取悅對方，都極力配合；卻可能在婚後，戀愛

熱潮退去時，開始產生意見分歧，發現以前欣賞的特質，最後竟成爲摩擦和痛苦的來源。不過就幾個碗沒洗，有啥好生氣？每週末都要去爬山？不如要我的命！離婚協議書上，赤裸裸的四個字：「個性不合」，是眞的「不合」？還是當初太委屈了？抑或是因爲，他始終無法變成你希望他成爲的樣子——他無法變成另一個你？

　　你說，這段關係，你盡力了！
　　你是盡力接納、包容了？還是盡力做自己了？

　　「差異」是上帝給婚姻最珍貴的禮物。否則，祂爲什麼要創造一個亞當、一個夏娃，不直接複製一個亞當就好呢？可能就是這種不同，讓對方更具吸引力吧！正因爲天生的情緒、直覺、性格都不一樣，反而可以相互合作、激發火花。兩隻左手和兩隻右手能發揮的效益，肯定不如一隻左手、一隻右手來得強！所以在婚姻中，我們要很開心爲此舉杯，不要讓「個性不同、不合」，成爲爭執、分開的理由。

　　我先生就是一個跟我完全相反的人。他沉著冷靜、我直接衝動；他低調內斂，我高調外向；他嚴謹、我隨性；他朋友不多，我四海之內皆閨蜜；在聚會時，我常是團體中最多話的那個，話匣子開了停不下來；他則可以一整晚陪笑、點頭、不發一語，散會時還覺得這局很有滋味。

　　記得剛開始交往階段，我的朋友們與他初次見面，最後握手道別時，都忍不住再誇上一句：「你們眞是天作之合啊！完全互補耶！令潔，你男朋友眞的人很好！！！」

　　雖然是讚美，但我總會帶著滿腦子問號回家：我們完全互補，他人又眞的很好，哈囉？？？那我是有多壞？？？

31
異國聯姻

　　身爲一位雙聲道主持人，很多客戶會找我，都是因爲需要現場中、英文同步口譯。雙語主持的費用比純中文主持高，但基於以下三種情況，新人還是願意掏腰包解決鴨子聽雷的問題：

　　一、新郎、新娘其中一人是外國人，根本聽不懂中文，也不會說中文。
　　二、新郎、新娘其中一人是外國人，中文OK，但家人都聽不懂中文。
　　三、新郎、新娘都是臺灣人，但兩人在國外長大、求學，習慣用英文。

　　（其實還有第四種：新郎、新娘都是臺灣人，兩人曾在國外待過一、兩年，卻已經「只習慣聽英文」。他們在臺上彼此交換誓言，也通常是全篇speak English、用好用滿，八、九成的賓客因爲無法得到共鳴，就無法被感動，活像參加英語檢定聽力測驗，全用期盼小眼神等著我的中文口譯。）

　　阿宏和Rachel屬於第二種。他們是UCLA的學長學妹，兩人在酒吧看世足賽的時候認識，畢業後進了矽谷同

一間知名軟體公司工作。Rachel從小就很另類地喜歡聽中文歌，所以跟阿宏也能稍微用中文聊天，但白人女生和黃皮膚男生的戀愛，在他們生活圈終究是少見案例，阿宏因此被華人同學頌讚為「臺灣之光」，導演系的同學還說要把他們的故事拍成電影。

阿宏沒有打算回臺灣工作，在美國發展本就是家人的期許。像他這樣定居國外，只在結婚時回國宴客的新人，也沒參加過幾次臺灣婚禮，不熟悉家鄉風俗和程序。遇到這種情況，我有時必須兼任婚禮顧問，按照客戶喜好與需求，協助場地、佈置、喜餅、新祕、攝影師……的統籌；相較之下，喝洋墨水的新人沒那麼多奇奇怪怪講究，我溝通的重點對象，反而是他們的「臺灣爸媽」。

Rachel從美國帶了一件母親以前的婚紗，想當作宴客的其中一套禮服，但臺灣婆婆已經幫忙挑好了七公尺裙擺的華麗白紗，退不了錢，叫她捨棄母親的婚紗。

「哪有人結婚穿舊的衣服啊？一定都要新的！妳說對不對？」婆婆代表新人來跟我討論流程的時候，很希望得到認同，從手機裡拿出了照片——那是一件沒有長擺的A字裙，雖然看上去有些年代感，但復古也是一種美。

「還是Rachel媽媽這套婚紗，留到晚上的after party穿呢？」我提議。

外國流行after party；在臺灣，多半就是宴客酒店的某一廳房，請來DJ和調酒師，附些輕食，讓年輕人在舞池中扭動。

「怎麼可以！這件也是白色的！哪有人結婚穿兩套白紗，會被別人笑！結兩次婚！」婆婆很堅定，「阿兜仔喔！（註：外國人）對這些都沒概念，結婚好像在扮家家酒一樣，還說要讓妹妹坐主桌，實在是吼！我跟阿宏的爸爸都快昏倒！」

美國電影中的婚禮，最親近的家人，甚至伴郎、伴娘和花童都能坐主桌呢！Rachel的想法沒毛病，只是跟阿宏結婚，難免要「入境隨俗」、「嫁雞隨雞」；她可能不知道，在臺灣文化裡，她嫁的不是一隻雞，是雞和雞的一大家子。

婚禮當天，Rachel沒有穿媽媽的A字裙，她和阿宏另外去拍了一組穿著媽媽禮服的婚紗照，算是折衷辦法。但她還是執意要讓妹妹坐在主桌，阿宏爸媽為此非常不悅，宴客時完全沒和Rachel的家人說話（而且他們也不會講中文），只顧著招呼主桌的其他賓客：××投顧總經理、前立法委員、××基金會副董事長。

第二次進場時，阿宏和Rachel、伴郎伴娘一起跳〈Uptown Funk〉，讓我邀請賓客們上臺與他們共舞同

歡。雖然中、英文都講了，但願意上臺的只有Rachel的家人和外國朋友們，將近20人；更妙的是，外國親友幾乎清一色都穿旗袍和唐裝，感覺像是特別爲婚禮去團購的。

臺灣親友不知道是太害羞還是怎麼，對阿宏和Rachel及美麗主持人的熱情邀約，完全無動於衷。剛開始還稍微拿起手機，幫臺上的阿兜仔拍照、錄影，沒隔幾分鐘就不再理會，繼續低頭吃飯，吃一吃、抬頭看看、繼續吃、再看看、聊天、聊天、再吃……與舞臺上活力四射的舞蹈形成強烈對比。

實在太精彩了！再一次，給他們熱情的掌聲！It's so great to see guests who have travelled long distances to join us today. Even though it's cold and rainy outside, your participation warms the room. 這兩句就不用翻成中文了，反正也不是講給臺灣賓客聽的。

32
線上直播

　　Mark和Ruby的婚禮在疫情期間照常舉行，只是地點從圓山飯店改成了Zoom，他們本來就是透過網路認識，所以線上婚禮恰巧成為一個獨特紀念。

　　Ruby是加拿大人，在Facebook語言交換的社團表示想學中文，並附了一張來臺灣旅行時，喝青蛙撞奶的自拍照；金髮碧眼的妹仔一po父，留言立刻爆炸，私訊更如雪花片片。她從眾多網友中，選擇了Mark，為什麼呢？因為Mark是第一個留言的……僅此而已。

　　他們一個在臺灣，一個在加拿大，每天半小時的語言交換，漸漸變成一小時、兩小時、三小時……最高紀錄是連續聊七個小時。為配合時差，Mark乾脆辭了工作改當soho族在家接案；為解決時差，最後兩人一起到美國進修、定居，也決定在2020年結婚。

　　線上婚禮不僅省了場地費，還省了機票錢。Mark和Ruby在紐約、Mark家人在上海、Ruby家人在渥太華，而我和牧師，在臺灣的卓越新竹行道會。

　　這場婚禮於臺灣的晚上九點舉行，為此我們在教會

事先預演很多次，確保網速、畫面、音量正常。晚上八點半，許多親友陸續上線，雖然雙方長輩語言不通，背景有白天、有夜晚，但看得出每個人都喜悅滿溢，甚至還自備餐點（可能只是剛好在吃早餐）和酒杯，爲了稍後舉杯慶祝的時刻。

Mark和Ruby上線了！他們坐在自己家裡的沙發上，穿著西裝和白紗，看起來超級古錐；親友們顯得很興奮，對著螢幕笑來笑去。

九點一到！準時開始！雖然新竹現場沒有賓客，我還是先深呼吸一口氣，走上舞臺講開場白。

首先是Ruby的妹妹小提琴表演〈卡農〉，過關！
然後新人的成長影片（由我們這裡播放），過關！
再來是雙語的婚姻頌詞，過關！
Mark準備的自彈自唱驚喜，過關！
牧師的投影片勉勵，過關！
牧師證婚，過關！
Mark和Ruby交換誓言，過關！

交換戒指，交換戒指……咦？斷・線・了！

是的，就在交換戒指的重頭戲，大家突然看不見新郎、新娘，不是因爲他們太閃了，而是斷・線・了！

　　線上人頭一顆顆你看我、我看你，不知道發生了什麼事。確定不是新竹這裡的網路問題後，趕快先墊一些話，第一次主持線上婚禮，就在關鍵時刻遇到這樣的情況，還好雙方親友都很體諒，安靜地耐心等待（其實是我們按靜音啊哈哈哈）。

　　工作人員在旁邊詢問：需不需要打電話給Mark？唉呀真是個難題！Mark他們還在交換戒指嗎？正在親吻新娘嗎？其實差一步就要禮成了，那麼原先的備案──Ruby妹妹表演，現在需要進行嗎？

　　一般婚宴，就算新郎、新娘都不在座位上，賓客還是能自顧自聊天、拍照，甚至可以有節目演出、來賓致詞；線上婚禮就不一樣了，新郎、新娘不在場，不知道什麼時候會出現，大家只能乾瞪眼，不失禮貌地微笑。

　　此刻，Mark發訊息過來：「我們家wifi連不上去！等我們一下！Ruby妹妹先表演！」

　　呼！至少知道原因了！

　　Ruby的妹妹按了個「舉手」，說姐姐傳訊息叫她表演一段聲樂，可是她早上還沒開嗓，可不可以再拉一次〈卡農〉？好幾個頭像從尷尬淺笑變成開懷大笑；經過翻譯，幾個臺灣頭像也跟著樂呵呵。

　　從〈卡農〉到阿拉丁的〈A Whole New World〉，外加一首我不知道名字的曲目，Mark和Ruby有時突然出現，眾人眼睛發亮！隨即又消失，像流星一樣。在三首曲子之間，這個帳號跟我的心一樣七上八下。

　　十多分鐘過去了，Mark再度發訊息來：「網路實在太慢，請大家先下線吧！」才傳完，Mark和Ruby又奇蹟似地出現，我趕緊邀請眾親友合影，把那句Ruby覺得最夢幻的「You may kiss the bride」補上，這場跨地區、跨時區線上婚禮，就在新人再度斷線時，幽默地落幕了。

　　後來Mark表示，家裡wifi一直很穩定，第一次連不上網竟然獻給了自己的大日子，他們也覺得搞笑。不過，換個角度想，如果當年兩人語言交換期間碰上這種網路，可能就沒有今天啦！哈利路亞！

33
噓！低調

結婚到底是該高調，還是該低調進行？見仁見智。有些人覺得邀請最親的家人、朋友就好；有些人想要普天同慶，歡迎所有叔叔舅舅姑姑阿姨、客戶的兒子、廠商業代和他的女朋友、十年沒互動的遠房親戚，都來！都來！

我從沒有告訴別人，幾年前，我主持過一位明星的婚禮。她那時候才進演藝圈不久，雖然擁有某某比賽的亞軍頭銜，但尚未有代表作。叫她亞亞吧！

亞亞嫁了一位Bass手，比起亞亞，她先生名氣就更小了；偶爾在餐廳駐演，後來也授課，但粉絲專頁從30人增加到530人，花了五年時間，他大多時候是窩在家裡創作。

他們婚禮辦在南投中寮鄉的自宅，原本那是山上的一塊果園，亞亞的爸爸蓋了一間獨棟木屋，果園種了柳丁。三月婚禮正逢柳丁花開的時候，至親好友們在花園享用外燴自助餐；雖然有請一組外國爵士樂團演奏，但不會吵到街坊鄰居，因為那裡的每一戶都有一大塊地，彼此相距很遠。原諒我，即使到了現在，能透露的資訊還是很少，期待看八卦的人可以直接跳過這章了。

婚禮這天，剛好是亞亞的生日。

透過她的好朋友推薦，我接了這場溫馨的婚禮主持，但必須承諾事前、事後都不公開任何照片；更重要的是，不能告訴別人：亞亞結婚了。

此類要求，對於像我這樣需要「作品」和「畫面」的工作者，是很可惜的。哪怕開一家店，若有名人光顧，老闆都要在門口貼出合影，藉機宣傳；一位明星的人生大事選擇交給我主持，這本可以歸類在豐功偉業的榮耀，幾年了卻啥也不能說，感覺還挺奇妙的。

亞亞不想公開的原因，並非她是生性害羞或隱私考慮，純粹是因爲她有意在演藝圈深耕，經紀公司認爲已婚身分會成爲她星途的阻礙，希望亞亞保持單身形象、鞏固粉絲，和男偶像傳傳緋聞，還能製造更多話題；於是，宴客名單經過嚴格篩選，以家人、摯友爲主，可以拍照，但絕不能外流。

那亞亞爲什麼會找我主持呢？

她在演藝圈待的時間不算長，跟藝人的交情還不夠深，她認爲那個圈子很難結交到眞正的朋友，還是先低調爲妙；但若隨意找一位外面的婚禮主持人，又怕被握著結婚的把柄。我曾經短暫待過娛樂圈，她覺得我能理解之中

的為難，所以當好友推薦這位名不見經傳的主持人，她也
樂於接受。

　　當天，有一對銀色夫妻檔出席，他們是拉拔亞亞進
演藝圈的最大功臣。通常在一場婚禮上，有「明星」賓客
是很麻煩的，努力低調仍會成為鎂光燈的焦點，還可能時
不時要站起來與親友合影、幫忙簽名，一頓飯都不能好好
吃；若受邀上臺獻唱、致詞，就更容易搶走新郎、新娘風
采，這也是我結婚時，沒有邀請劉德華和梁朝偉的原因。

　　亞亞的婚禮，那對夫妻並沒有特別被關注，這似乎不
太尋常，但我想，正因為賓客是關係最親密的人，對他們
而言，亞亞的重要程度遠大於電視上的明星吧！倒是亞亞
在婚禮結束後與他們自拍，發了一則動態上網：「謝謝你
們！祝我生日快樂！」粉絲們紛紛祝賀，還有人希望她早
日找到適合她的男朋友，像這對佳偶一樣幸福。

　　她不能找男朋友了啊！同學！
　　再找男朋友，就是犯法了！
　　回臺北的路上，我偷偷對著各種暖心留言笑了笑。

　　亞亞也真是很有毅力、有恆心的藝人啊！這幾年，她
幾個作品成績斐然，有一陣子，時不時會在街頭瞥見她的
廣告看板……至今，在媒體的報導中，亞亞仍是一位妙齡
單身女子；我跟亞亞沒有保持聯繫，即使某次路過一場活

動，發現她是當日的特別嘉賓，我也只是遠遠看一眼，沒
有上前打招呼。

　　真不容易啊！這孩子！但願某天，她能快樂地告訴粉
絲：她有個幸福的家！

34
紅色炸彈

　　從大學收到的第一枚紅色炸彈開始，我就有個很清楚的認知：絕對不要隨便炸人。

　　社團同學、前公司同事、上個月才認識的新朋友……還有那些「因爲在同一個LINE群組」索性一次全部邀請的ID甲乙丙丁。

　　爲什麼邀明明不熟的甲乙丙丁呢？因爲一旦戊己庚辛表示有收到喜帖，敏感的心可能會開始胡思亂想：是漏了我？還是故意？覺得咱們關係不好？每一件人生人事，都是對人性的考驗。

　　在一次久違的同學會，中二男公告了即將結婚的消息，可能是班上第一人吧！班長豪氣地說：「我們肯定要去現場祝福啦！」半個月後，有出席同學會的每一位都收到了紅色炸彈，「你會去參加嗎？」成了大家保持聯繫的問候語。

　　學生時期，中二男和我本就不屬於同個圈圈，很少玩在一起，畢業八年來也從未聯繫，甚至連臉書都不是好友。包紅包事小，但未來我的婚禮會邀請他嗎？恐怕是個

謎！於是，以當天要工作為由，婉拒了這邀約。後來聽同學說，中二男在喜宴逐桌敬酒時，感嘆「結個婚，才知道誰是真朋友」，不克出席的全被記上一筆，中二男把這些人的臉書都刪了。交友看似緣分，其實也靠經營。

這些年，隨著社群媒體成熟，發喜帖的方式逐漸改變。很多新人會在網路上建立一個活動，收到邀請者也不必多言，只需要按「參加」、「不參加」就算完事；另一種是給一個連結，群發告知朋友們：「大家好！我要結婚了！歡迎來參加！有空麻煩填一下問卷噢！」

我看過一份問卷，只有兩個選項：
○ 是，我一定會出席！
○ 抱歉，當天有事！禮到人不到！

紅色炸彈之所以被稱作炸彈，不在於它總是精準投放，造成區域性衝擊，而是它通常猝不及防地傷害荷包。

每次收到群發信，很容易自然略過，就如同信箱裡其他廣告文宣一般，感受不到誠意。嘿！這不是一場「下星期要不要去河堤烤肉」的隨意揪團耶！這是終身大事！即使現代已經不流行登門拜訪或電話通知，個別發訊息邀約或寫個收件姓名仍是基本禮貌嘛！

後來我發現，有些新人連給問卷這道程序都省了，

唯一的請帖只秀在他的臉書頁面上，並註明：「想要來的人，記得跟我說噢！」我因此錯過了幾位同學的婚禮，畢竟Mark Zuckerberg的演算法有時神奇地毫無道理。

Carolyn很驚訝跟我說：「好傻眼噢！我的婚禮，歐陽竟然會來耶！」

「噢？怎麼會？你先生跟他認識？」歐陽是一個不擅交際，在群組裡連個貼圖都沒回過的人，也從未參加過我們任何一次聚會。

「不認識啦！是我在臉書貼婚禮問卷連結啊！他竟然有填耶！而且還填2人！」

欸不是嘛！那就算是Carolyn妳自己邀請的啊！

「我怎麼知道歐陽會填啊！」

「妳公開po文，就有各種可能啊！」

「歐陽一開始沒填，是我後來又發文，說今晚問卷就要關閉了，請還沒填的朋友趕快填寫，之後他才填的。」

「是個老實人。」

　　我結婚的時候，爸爸說他需要兩個星期時間去詢問朋友們地址，好寄送紙本喜帖過去。老年人明明每天在LINE上問候彼此早安、晚安，兒女的結婚喜帖卻不能用電子圖片打發。

　　「爸，我跟你說個方法！你先問朋友可不可以來參加婚禮，如果說沒辦法參加的，就不要再問地址了，免得人家覺得不爽被炸到，還要包紅包。」

　　「我的朋友，不會有這種問題。」

　　聽到這句話，我噗嗤笑了出來。失敬失敬！回想爸爸退休前的無限風光，還有他的人脈圈，女兒自以為貼心提醒，反而只暴露了年輕輩的狹小格局，真是慚愧啊哈哈哈！

35
吃奶巨嬰

　　大頭和露露是國中同班同學，認識超過二十年，研究所畢業後發現苦苦等待的那人就在燈火闌珊處，開始交往；經歷當兵、工作、留學，十年了，決定結婚。

　　由於我自己是閃婚，沒有機會體驗這種「陪你長大」的浪漫，他們邀請我主持婚禮時，我內心暗暗羨慕著這段細水長流的感情。

　　「剛好在第十年結婚，很有紀念意義耶！」我說。
　　「也沒有啦……就覺得好像老了……時候到了……應該要結婚了……」露露沒什麼欣喜的情緒，大頭也點頭附和：「我們都要35歲了。」

　　大頭和露露交往十年，才發現彼此是對的人嗎？還是早就知道了，只是要先等當兵、學成歸國、都找到工作，才願意成家？如果不以醫學角度考量女性預備懷孕的問題，幾歲才是適婚的年紀呢？舒淇、林心如39歲結婚、志玲姐姐44歲結婚、郭富城51歲結婚；彭于晏41歲未婚、蔡依林42歲未婚、五月天阿信47歲未婚……那個蛋糕蠟燭上的神祕數字，是催逼自己步入禮堂的理由嗎？

更可怕的是，在臺灣，婚後還與父母同住的人，比我想像中多。

你說，這很正常啊！有些是因為長輩年邁需要照顧；有些是因為生了孩子，爸爸媽媽公公婆婆能幫忙帶；有些是因為超級有錢，好幾百坪的房子空著也是浪費……

不！這不正常！我說的是：婚後還「各自」與父母同住的人，比我想像中多——大頭和露露就是一對。

第一次聽到的時候，我真的受驚了！還跟爸媽住，只是偶爾一起過夜，既然沒有離開舊家的打算，組成新家的意義是什麼？

「因為大頭常常出差啦！平時很少回桃園，所以我們就不用特別找新的地方住啦！太花錢了！他偶爾回來，我們再看那天要住哪兒，如果太累，就還是睡自己家裡。」

乍聽之下合情合理，但總覺得哪裡怪怪的。

「畢竟結婚很花錢的！婚紗花了六、七萬、喜餅十二萬、新祕兩萬多、婚攝兩萬多、主持人……啊！令潔，妳不算貴啦！CP值很高！哈哈哈！……哈！」露露大笑三聲後，又哈了一聲。

　　婚禮一定要花很多錢嗎？很多人會抱著：「一生就結一次，勇敢花吧！」的心態，不僅把積蓄用盡，還得另外靠父母贊助才辦得成。我認識一對牧師和師母當年沒啥存款，所以只拍了兩張照片當結婚照，牧師對師母說：「兩張就行了！結婚後，天天看妳都來不及，我哪有空去翻照片啊！」每次聽這故事都不禁佩服牧師的智慧，沒錢也有沒錢的活法，婚姻的價值，比婚禮的價值更貴重。

　　一定要有錢、能買房租房才有資格結婚嗎？
　　當然不是。

　　有一對新人買了預售屋，但建商工程延宕好幾年，他們認為無處可居，所以婚後至今仍繼續在原生家庭被供養著；就像是鳥兒已經離開巢穴了，每次要吃東西的時候還回家請鳥媽媽餵蟲。一旦生活開銷仍然讓父母負擔，父母也會認為自己尚有權利掌控孩子的事，管你穿著、管你作息、管你的婚姻。哪天你想起來反抗，父母還理直氣壯地說：「我有權管你！因為我是你的家長！」所有人都忘記：你已經成家了，你家的家長早已換人了。

　　何況，不和配偶住在一起，就像一個不戴婚戒的人。外界也許難以評斷對錯，但無可否認，雙方都留了被誘惑、試探的機會，那還不如談戀愛就好呢！省去辦手續的繁複，省去贍養費的給付，省去傷透心的虧負。

時間到了！快要老了！都不是結婚理由。

沒有錢啊！沒有房啊！更不是躲在家的藉口。

創世記2:24：「人要離開父母，與妻子連合，二人成為一體。」這不是說：「嘿！我有了老婆，就把爸媽丟一邊囉！」而是和父母有新的界線。結婚，不只是肉身的獨立，還要捨去對爸媽的情感和經濟依賴；如果始終沒弄明白為什麼要結婚，單身也沒什麼不好。

另一種極端：有些人結婚，是為了要逃避原生家庭。

原生家庭充滿破碎、缺陷，長年籠罩在低氣壓中。激烈一點的，是彼此情緒勒索，導致關係日漸惡化；擺爛一點的，是家庭成員都變成陌生人，比宿舍室友還不如，留在這裡，似乎就有承受的義務，實際上，同個屋簷下多待一天都是耗損。

那怎麼辦呢？結婚吧！這好像是最方便又合法的解決之道；於是，趕快登記，順理成章搬離家。以為自己需要的是「婚姻」，沒發現其實是需要一個「出口」，所以當婚後跟另一半起衝突時，更彷彿陷在迴圈迷了路，只好規劃新的逃跑途徑：離婚。

記得網路上流傳的小故事：一位爸爸在兒子結婚前夕，要求兒子道歉。兒子不解自己明明沒做錯事，為什麼

要這樣？爸爸卻仍反覆要求他道歉；最後當兒子說出對不起，爸爸才告訴他，這就是準備結婚的訓練，「學會無條件地向別人道歉，你就可以結婚。」

這可能有點誇張了，但寓意是能理解的。無論是親情或是愛情，都會遇到衝突與磨合，需要練習真誠道歉和原諒。每一段關係都是一種操練，如果撒手不處理、一走了之，直接讓一段新關係取代一段失敗關係，最終會產生錯覺：為什麼人生如此不順遂？為什麼問題不停地反覆上演？

世界上很多是沒準備好就進入婚姻的，沒準備房子、沒準備車子、沒準備生孩子……只要雙方達成共識，外人也無須置喙；但沒準備好心態，可能會造成一輩子蒙塵的嚴重傷害。

36
女兒別哭

〈１〉

新娘小琪一邊化粧，一邊跟爸爸說：「等一下你跟媽媽先走紅毯，再從旁邊的門走回來牽我噢！」

這是預定的流程。

小琪爸爸：「不要啦！我牽妳就好了啊！我跟妳媽不用啦！」
小琪：「不管啦！你跟媽媽要先一起！」
小琪爸：「阿妳事先又沒有跟我說！」
小琪：「我明明就有跟你說！」
小琪爸：「妳哪有跟我說！不用啦！」

說完，小琪爸走出新娘房，笑瞇瞇迎接親友；但是小琪哭了，崩潰大哭。

本來在休息房一起嘰嘰喳喳的伴娘們、喀擦喀擦拍的婚攝大哥，還有剛走進來準備要提醒新娘再十分鐘開場的我，彷彿都不存在，整個房間一陣靜默，只留下哭泣的新娘，和一臉惶恐的新祕，嗯……來補妝好了。

　　那時，我只是剛入行的菜鳥，想幫忙解決問題，卻不知道能做什麼。

　　「小琪爸爸您好，不好意思啦！小琪是想說，這個大喜的日子，眞的很希望您跟媽媽也可以一起走紅毯，接受親友們的祝福。」

　　「小琪爸爸～小琪有跟我說家人感情都很好～您又穿那麼帥！如果爸爸媽媽能牽手走紅毯一定很棒！」

　　小琪爸爸正在跟親友們「social」，我悄悄挪移到他眼前，腦子飛快轉啊轉地想哪一種說詞比較有機會打動他。

　　「唉呀！臭老頭！妳女兒哭了啦！」小琪媽媽跑了過來搶先說。

　　小琪爸爸突然一臉驚恐，拔腿就衝進新娘休息室。
　　小琪還在擤鼻涕。

　　小琪爸：「琪琪！妳怎樣了啦！」
　　小琪媽：「阿你就說不要走紅毯啊！」
　　小琪爸：「哪有！我是說她跟阿君走就好了啊！」
　　小琪媽：「阿你女兒哭了，你要不要走紅毯啦？」
　　小琪爸：「好啦好啦！阿妳不要哭啦！我跟媽媽也一起走紅毯啦！」

說完，小琪爸輕輕彎下腰，微胖的身材因此顯得更加緊繃，他扶著女兒肩膀：「好啦好啦！麥溝烤啦！（臺語的「別再哭啦」）」

距離開場還有五分鐘，休息室恢復熱鬧，小琪爸爸敗給了兩個女人；然而，當我介紹他進場的時候，從他臉上的笑容，我知道──他心甘情願。

〈Ⅱ〉

許多新人在考慮要不要有小花童的時候，我經常建議：「不要！」

因為花童年紀小，很容易失控，無論是大哭走完全程、把整籃花瓣放地上就跑、走到一半折回去找媽媽……荒誕的案例不少。當新人還在思考「要不要有花童？請誰當花童？」往往是因為他們身邊並沒有跟他們關係親密的小孩，這時候，如果刻意找了一個同事的兒子、鄰居的女兒，一旦出了什麼亂子，沒有任何一方會開心。

反之，新郎、新娘若本來就有超級疼愛的孩童：姐姐的女兒、乾媽的孫子……結婚就一定要有讓他們參與的橋段，甚至單身就先預訂他們未來要當自己的婚禮花童了！喜歡的小孩，就算脫稿演出也是可愛滿分，像我的外甥和外甥女，在我宴客那天走紅毯，拿著花瓣用力往地面丟，

彷彿跟花朵有仇，但我看一次笑一次，超懷念他們當天「我是誰？我在哪？」的一臉莫名其妙。

婷婷的小花童，是她自己的女兒米拉。

不是先有後婚啊！婷婷在美國登記之後兩年才回臺灣宴客，那時，米拉一歲多了。

不需要成雙成對，她打算在二進時，讓寶寶一個人開著搖控小車車進場，那是米拉最愛的玩具。兩次現場排練，米拉都成功到位，博得滿堂彩（也沒多滿，就是提早抵達、不小心看到彩排的賓客們）。

第二次進場前，婷婷剛換下白紗，就聽見敲門聲。

「誰？」
「婷婷，米拉一直在哭！」伴娘從外面喊。
「帶上來給我！」

婷婷開門時，新祕還在旁邊很大聲制止：「等一下等一下！！妳衣服還沒穿好！！」

「剛才妳媽有哄她，但她還是一直哭。」伴娘解釋。
「她餓了！」婷婷拿起奶瓶餵奶，身上還穿著旗袍。
「妳這樣可以嗎？」

「可以，我只在乎我女兒。」

當時，還單身的我，只覺得場面很歡樂、有趣，側拍了一張婷婷和米拉的照片。

米拉喝著喝著睡著了，二進時依然睡得香甜，開車車的那part就取消了；畢竟睡覺不開車、開車不睡覺，才是好寶寶。

直到我也生了孩子，再想起婷婷婚禮那天的情景，覺得穿旗袍餵奶一點也不搞笑了，完全就是媽媽的日常！聽見寶寶的哭聲，理所當然放下手邊的一切，哪有可以不可以的問題？為了自己的寶貝！什麼都可以！

37
青出於藍

　　新娘羊羊在Facebook預約我檔期的時候，附了兩個滿滿的視窗訊息給我。

　　「親愛的令潔……我和我先生的家庭背景有點不同，他來自政治世家，相對比較高調，我爸媽的個性則是非常低調……這次婚禮籌備當夾心餅乾有一點為難……像是我爸媽完全不希望有交手的橋段，也不想上臺舉酒杯致意，跟我先生家無關，我父母個性就是這樣……我姐姐結婚的時候也是很低調很低調……他們之前就說過了……不要上臺……是非常認真的……妳可能無法想像……真的低調到一個極致……但是我先生他們家正好相反，也無法理解……唉……」

　　新人經常與我分享他們在籌備婚禮遇到的難題，但是在正式簽約前就主動吐露心事，倒是頭一回。我很慶幸自己做的不只是一份主持工作，還可以為他們解憂，或是在能力範圍內，給予一些建議、幫助，哪怕只是當個心情垃圾桶都好。

　　低調家庭出身的女孩，會是什麼樣子呢？見面前我揣度著。他們倆若是在光譜的極端，相處起來會不會很累？

不同家庭背景造成的矛盾，也總再三證明結婚不只是兩個人的事。

　　我提前十五分鐘抵達約定見面的咖啡廳，沒想到羊羊和Jason比我更早，我們就坐在隔壁桌卻渾然不知，因爲男生幾乎是沉默的，倒是女生嘰哩呱啦。我一時沒想明白，啊！她先前所提到的高調低調，是指兩個家庭的差異，並不等同於她和Jason的性格；再說了，哪怕眞是低調的人，誰說不可以在另一半面前充滿熱情呢？

　　整個面談過程，羊羊還是花了大部分時間向我說明她的父母有多麼不願意上臺，他們最大的期待是在喜宴當天安安靜靜吃一頓飯。看著羊羊口沫橫飛、激動地形容「超～～～～～～～低調」用手掌往地板最底下比劃，非常活潑像一位綜藝咖！我有點想笑自己，當初只是閱讀羊羊傳的訊息，就先預設了她的個性、替她擔心。沒事的！她只是打字時習慣用刪節號（……）代替波浪（～～～），她本人很嗨，如同大海的波浪。

　　「Jason，你希望我怎麼介紹你的父母進場呢？」難得有Jason可以發言的時機。

　　「妳可以說我公公很帥！比兒子還帥！」羊羊很開心地講完之後，起身又去櫃檯加點了一塊香蕉磅蛋糕。

「呃……令潔……不好意思……」Jason開口。

「嗯？」

「因爲我爸爸這個人，是很實事求是的……」

个知怎麼地，我突然有點忐忑，腦海一秒鐘飛過51種想法。

「所以，妳最好不要說他比兒子還帥……他會不高興……」

那個moment，我竟無法判斷是个是玩笑話，不確定該不該笑。看Jason一臉嚴肅，眼神充滿眞誠，於是，我堅定地說了一個「好」字，低頭寫下：不可以說Jason爸爸比兒子還帥。

這一行備註我寫得很慢，因爲還沒想到該以什麼姿態再度抬頭，我決定用寫毛筆的速度拖延與Jason四目相交的時間，直到羊羊回座。

婚禮當天才發現，Jason的爸爸雖然已經鮮少在檯面上走跳，但確實是一位大家都熟的政治人物，以那一輩來說，眞能稱得上帥哥；記得當年還常被調侃，說很多媽媽桑是因爲他的外型而投票給他。和Jason父親握手時，除了道恭喜，我也誇讚了他的領導魅力，但比他兒子還帥嗎？絕口不提！答應新人的事，我一定說到做到！

「唉唷！哪有這麼年輕的公公啊！」

「嘿呀！那麼帥！我還以為是新郎咧！」

　　兩位親友走過來和Jason的爸爸打招呼，我耳朵張得大大的，像糾察隊一樣，好怕他們講出「比兒子帥」這幾個關鍵字。

　　看著Jason爸爸笑呵呵，我突然回過神來，哈！父母本來就不太可能喜歡聽到「比兒子帥」、「比女兒漂亮」這類讚美啊！當然希望孩子成長得比自己更好。

　　我想起某次我和媽媽在飯店用餐，服務人員來問候時，說媽媽很美、很有氣質。

「這是妳女兒嗎？」那人問媽媽。

「對呀！」我說。

「哇！女兒應該比較像爸爸噢？」服務人員使用了反詰語氣。

　　你才像爸爸！你全家都像爸爸！

38
誰講理啊

　　迎娶的時候，往往會有闖關活動，伴郎偕同新郎，穿過一道道伴娘和新娘設計的關卡：屁股寫字啦、伏地挺身啦、絲襪套頭啦……搞得跟綜藝節目似的。說真的，新郎穿著西裝還要汗流頰背，實在非常辛苦；就算伴郎可以代勞，幾個大男人狼狼兮兮也不知到底娛樂了誰，友情和義氣倒是表露無遺；而唯一必須靠新郎獨立完成的任務，通常只有最後一關：大聲朗讀《愛要宣言》。

　　「你每次都這樣！不接電話、不回訊息！讓我在公司門口等你半天！」
　　「我已經跟妳說過了，我離開座位的時候，老闆正好走過來問我專案的事！」
　　「那就可以不接電話嗎？」
　　「拜託妳講道理好不好！要是妳老闆來談事情，妳會接電話嗎？」

　　你才沒道理咧！老闆跟老婆哪個重要？
　　是老闆還是老婆要跟你一輩子？

　　答案是：老婆。

還記得《愛妻宣言》的第一條嗎？

「老婆永遠是對的！」

可是婚後，我們卻想跟對方講道理了！

「……雖然老婆不會有錯，但偏偏這件事，她的觀念有問題。」

承認吧！迎娶的時候，讓房間裡那位新娘笑到併軌的宣告，只是隨便說說，只是一場遊戲一場夢。

那怎麼辦？就算再愛，也不能什麼都聽老婆的吧？假使她無理取鬧呢？難道就要忍讓或被迫妥協嗎？這讓我想起聖經裡提到：「妻子要順服丈夫。」說的是丈夫成為頭、源頭，在財務上、情感上、心理和靈命上供應妻子；但光聽見「順服」二字，就先被斷章取義，不少現代女性因此氣憤地問：妻子是奴隸嗎？憑什麼順服丈夫？

看吧！當我們還抱持著「憑什麼」、「為什麼」、「如果……怎麼辦」，害怕自己權益受損，那結婚或許不是最好的決定。共組家庭的前提應該是兩個彼此相愛的人，願意捨下一部分自我（別搞錯了！不是失去自我！）。

如果你牙膏都從最後端擠，對方是直接拿了就擠，誰要捨下自我？除非此生就一人一條牙膏，否則免不了吵

架；如果你向來要蓋住馬桶才沖水，對方習慣直接沖水，誰要捨下自我？除非此生就一人使用一間廁所，否則免不了吵架；如果你東西用完喜歡隨手一放，對方是堅持物歸原位，誰要捨下自我？除非此生就一人住一間房，否則免不了吵架。

既然這樣，何必結婚？

遇到衝突，到底誰應該聽誰的呢？誰應該配合誰？誰才是對的？誰才是Big Boss？

會吵架的前提，一定都是認為自己有理啊！但家終究不是講理的地方，當兩個人都願意退一步，反而能迎來真正的平等關係。

怎麼退呢？

傾聽是第一招：仔細聽、專心聽、認真聽！上帝給我們兩隻耳朵、一張嘴，擺明了要讓我們多聽。就聽嘛！何必急著回話？何必急著反駁？聽對方說些什麼，讓他／她有足夠時長抒發，省力又省心。

很多人覺得我先生是一位非常好聊天的咖，跟他對話總是很愉快。某日我突然發現，木訥的老公根本沒在「聊天」啊！他多數時候都只是在聽別人說話。一場對話中，

他發言的時間只占兩到三成，卻得到大家好評，可見「懂得傾聽」是多麼迷人的特質。

除了懂聽，更要懂說。

不是化身為敬業的辯護律師，憑藉縝密邏輯打敗對方，而是在對話中練習用「我」，坦誠表達自己的情緒。

「你沒有接電話，我覺得很難過。」
「你沒有接電話，你心裡只有工作！」

哪一句話更容易吵起來呢？應該是後者吧！

亂給人扣帽子、幫忙下結論，還不如直接講出「我」的感覺；感覺不等於事實，卻很真實。

老婆可以永遠是對的，妻子也可以順服丈夫，但不代表在婚姻裡大家只能忍氣吞聲。在最親近的另一半面前，應該要能自在地承認內心感受（記住：是講自己就好），無論生氣、難過、痛苦、不舒服、沮喪……都OK，說出來之後，你可能會驚訝，配偶真的不知道這件事竟然帶給你負面感覺。

「最好是啦！怎麼可能不知道！」

別糾結了！他就是不知道！
因爲你配偶的智商沒有一八〇！

　　意見分歧的時候、遇到衝突的時候，跟另一半講道理，絕對是下下策；哪怕那道理能得到世上多數人支持，甚至連三歲小孩都認同，也無法使關係和睦。用心傾聽，才能讓大事化小；懂得如何說，小事更可以化成微奈米。相信我們都做得到！畢竟我們比配偶聰明多了！

39
鑽石大婚

　　孫爺爺和孫奶奶在社區舉辦了一場婚禮——60年，鑽石婚。

　　說「社區」，聽起來好像在家樓下的廣場，其實是捷運共構住宅；六樓有一個可以眺望青山綠水的大平臺，也是他們每天早晨、黃昏散步的祕密基地。

　　這場婚禮是他們幾個兒子和兒媳籌劃的。孫爺爺和孫奶奶當年結為連理時，是孫奶奶的媽媽幫忙點個頭就嫁了，沒有任何儀式或合影。孫爺爺說，孫奶奶從年輕到現在都沒變過，只要看著她，就算老年痴呆也不可能忘記這幾十年快樂的點點滴滴。

　　每回主持婚禮前，我都會和新人見面或是視訊溝通，但喜宴當天，新娘在新祕的巧手之下，往往會打扮成另一種樣貌；有時候我真的很怕認錯人（所以後來我總是先把婚紗照看個仔細），也很佩服新郎不會認錯人。誰都想要化妝得更漂亮，除了孫奶奶；因為孫爺爺覺得，另一半60年來的素顏就是這世界上無與倫比的美麗。

　　孫奶奶只抹了口紅進場，眾人的歡呼聲卻像看到奧

斯卡紅毯上的國際巨星。沒有花童、沒有男女儐相、沒有雙方家長；有孩子、有孫兒孫女，還有更多散步路過的鄰居。這究竟只是走個形式的婚禮？還是踏實的溫暖幸福？社區A棟到K棟的住戶都能辨別。

在晨曦的照耀下，兩人再度宣讀婚姻誓言；相濡以沫一甲子的他們，早已用真實行動證明無論健康疾病、富貴貧窮都相互扶持的愛。婚姻保鮮的祕訣是什麼？孫爺爺說自己老花眼，只看得見妻子的優點；聽力也不佳了，所以堅信孫奶奶從沒對他碎唸。他公開了婚姻長久的祕密，就是：改變自己。

這些話乍聽是玩笑，仔細一想真可謂至理名言。很多時候夫妻的爭執來自於想要改變對方：改變對方的觀念、改變對方的態度、改變對方的習慣⋯⋯最後卻只成功改變了對方的心，從「一日不見，如隔三秋」變成「相見不如懷念」。

孫爺爺孫奶奶的兒子致詞時，說他從小看著爸爸用生活中大大小小的幽默創造幸福。每次到了晚餐時間，孫爺爺就要開始搞笑：「怎麼這麼好吃？兒子，你快點告訴我，我是不是在做夢？」、「哇！從廚房走出來這個女人，怎麼像天使降臨！太美了！兒子，快拿相機給我！」炒完菜滿頭大汗的孫奶奶，總是笑得合不攏嘴。

　　有一年過年，全家一起煮湯圓，也不知是存心還是疏忽，孫爺爺趁孫奶奶不注意，把白糖揉進糯米粉糰；煮好之後，孫奶奶一吃發現味道不對，孫爺爺竟然哈哈大笑說：「甜吧！妳是我的小甜心！」

　　以前不太能自由戀愛的年代，結婚對象沒那麼多選擇，簡簡單單一生、兩人、三餐、四季；現在每天滑個app就能約新朋友出來約會，持之以恆的承諾卻更難得了。

　　婚姻就像一雙筷子，酸甜苦辣一起嘗；來自不同家庭背景的兩人甘苦與共，年復一年，難免要面對新的關卡。有人說七年之癢，能不能撐過第七年很重要；其實七年如果會癢，那表示從第三年、第五年就開始埋下了一些漸漸找不出解法的問題，不攜手面對，就等著領便當。

　　孫爺爺和孫奶奶在一起經過了近九個七年，還是如同初戀一樣（他們真的是彼此的初戀噢！）。耍寶和耍浪漫是保持熱情的關鍵嗎？絕對是！而我也相信「多看對方的優點」和「改變自己」的力量，能把婚姻推升到幸福至高點。在這對資深前輩倚著欄杆補拍婚紗照時，看著他們自然笑瞇了的眼睛，我彷彿又偷學了一課。

婚禮前的檢查清單（令潔的溫馨提醒）

☐ 先製作一張預算表，列出婚禮宴客各項目的花費。
（請量力而爲！只是結個婚，沒必要傾家蕩產。）

☐ 與新祕、攝影師、主持人溝通，告知想要的風格。
（請清楚表達！講明是想當林志玲還是顏志琳。）

☐ 跟飯店達成共識：最慢幾點幾分請他們直接上菜。
（請體貼賓客！新人要聽掌聲，而非肚子叫聲。）

☐ 寫下需要的用品清單，指派負責人幫忙帶／收拾。
（請確實交辦！新郎負責帥、新娘負責美就好。）

☐ 確定誰遞麥克風、戒指、誓詞本、捧花、小禮物。
（請別幻想了！那些東西眞不會突然從天而降。）

☐ 若要請人上臺抽捧花或致詞，務必事前禮貌詢問。
（請徵得同意！除非你們都想體驗什麼叫驚喜。）

☐ 提前找機會去現場彩排，包括燈光、音樂和走位。
（請預留時間！婚禮當天，你可能比郭董還忙。）

☐ 早點掌握賓客參加人數，也要保持彈性調整空間。
（請放寬心情！多一人或少一人，你都得結婚。）

40
我的婚禮

留一個篇幅來談談我的婚禮吧！

因為疫情的不確定性，五月我們先在教會舉行了證婚儀式，九月疫情稍緩之後才宴客；無論五月或九月，還是有賓客因為擔心群聚風險而缺席。

九月宴客，正逢農曆鬼月，餐廳為了吸引新人下訂，會多給一些折扣和優惠；忌諱的人嘗不到這種甜頭，寧可花大錢去搶奪最夯的「好日子」，也不想讓好兄弟來喝一杯酒同歡慶。這時候，身為基督徒的優勢就出來了，我們認為上帝的祝福同在，日日是好日，還能拿到便宜價格，簡直恩上加恩。

我結婚那年，已經有七年的婚禮主持資歷，看過許多充滿個人特色的橋段：有一場的新娘是廚師，當天宴客的菜單全是她一手設計；有一場的新郎熱愛啤酒，他們香檳塔環節改成倒Asahi易開罐；有一場的新娘沉迷古裝劇，舉行周禮，引水沃盥、解縷結髮樣樣來；有一場新人當年是打麻將認識的，他們的遊戲是要賓客猜一副牌總共聽幾張筒子。

而我，最常被親友關心的問題就是：「妳的婚禮要請誰來主持？」

沈春華？黃子佼？找金鐘獎紀錄保持者是不錯的選擇，但既然要展現個人風格，我就該主持自己的婚禮。

可能嗎？站在舞臺上拿著麥克風OK，但還需要解決進場環節；於是，我預錄了一節午間新聞，自己扮演主播、記者，介紹新郎和新娘，再連線給現場的特派記者表哥。

熱愛寫字的我，少不了一份婚禮報紙，包括：頭條、地方、體育版、副刊……老公也跳下來寫一篇，低調的他不常公開發言，所以他親自撰寫的部分反而是大家最認眞閱讀的版面。

在第二次進場時，我們播放了一段訪談節目，由我擔任主持人，老公是特別來賓，讓他來回答各種關於「誰追誰」、「爲什麼會被對方吸引」、「請用三個形容詞形容令潔」等問題。老公發自肺腑地講出：「很跩、跩爆、非常跩」成爲全場歡樂高潮之一。

「那麼跩，你還追她？」我一邊訪問，還得忍住不要笑場。

「就想說這個人到底是怎麼了。」老公的心境在毫無防備下更顯眞實。

　　他或許不是上輩子拯救銀河系的超人，但他決定用自己的下半生拯救世界。

♥

　　有人說，結婚需要一股衝動。交往四個月就下訂宴客場地的我們，看起來的確很衝動，但這對於已經準備好進入婚姻的人來說，是非常自然、水到渠成。那我到底準備了什麼呢？

　　年輕的時候，還有少女情懷，看著新人進場，經常在內心吶喊：「蛤！我也要！」聽見丈夫對妻子說出「謝謝妳讓我變成更好的人」這種告白，羨慕到很想一頭栽進主持臺；還有，非常留意那些身高180以上、看起來也很和善的伴郎。

　　後來，在因緣際會下，我開始廣泛閱讀和交往、婚姻有關的書籍：《為約會立界線》、《為婚姻立界線》、《咦？不是你去刷馬桶嗎？》、《永續親密》……，我才認真了解到結婚所代表的責任。當然，看書不等於實際操練，可是對結婚已經不再只是粉紅泡泡幻想，知道還有著對家庭的付出、對一個人忠誠、恆久忍耐與包容。

　　就像看到別人的寶寶，都會覺得：「小嫩嬰太可愛了吧！我也要生！」這只是一種跟風心態。但如果預先明白

生產後胸部會下垂、經年累月睡眠不足、飯冷了才有時間吃、沒辦法隨時出門喝下午茶、一格一格座位的拉麵店，等孩子長大後才可能光顧……那就代表準備好了。

是的，I'm Ready.
我準備好跟婚姻說：「我願意！」

2019年我積極地在各種公開場合、社群媒體表達想要交男朋友的渴望，請大家幫忙介紹、參加聯誼、不排斥和任何人當朋友（以前我只跟帥哥聊天）、提出2020年結婚的意願。朋友告誡我，女孩子不要把「想結婚」掛在嘴邊，這會嚇跑人；何況，「神祕」是一項有力武器，可以幫助我們在戀愛中居上風，市面上許多《戀愛攻略》教戰守則第一條，就千叮嚀、萬交代：「透明的關係讓男人失去追求的新鮮感」。

其實很能夠理解，但我不想這麼做，因爲與我本身性格太迥異的手段無法長久執行。如果可以一開始就呈現眞實，能節省很多時間；像是看過素顏，就不用害怕對方看見卸妝後必須再重新自我介紹。

如此坦白直率，被一位心心念念準備成家的男子注意到了。所謂「以結婚爲前提交往」是眞的，我們預約了婚姻輔導課程，深度談論生活習慣、溝通模式、金錢觀念、原生家庭……在被輔導的過程中，兩人都流下很多淚，有

時是氣憤、有時是難過、有時是懊惱，還有幾次，是為能遇見彼此而感動。四個月就決定宴客日期，太快了嗎？一點也不！沒有經過慎重思考，才可以被定義為「衝動」。

結婚理由百百種，證婚時，牧師突然在臺上，向即將幫我戴上婚戒的男子提問：「你為什麼要娶她？」

新郎愣住了，轉頭看新娘。新娘以一種「這題也太簡單了吧」的神情回應，請叫我猜題神童。

新郎的表情，似乎在求救。

等一下！這有什麼好求救的？跟平常我出的模擬考題一模一樣、一字未改啊！噢！想到了！儘管我一天到晚發問，他也從來沒講過標準答案，結果婚禮當天仍要面對同一題。

「這麼困難講？」牧師問。

全場都笑了。

「漂亮、善良、可愛、幽默、有才華……」這不是信手拈來嗎？時間分秒過去，新娘想著自己各種優點，笑容差點僵掉。

　　「我愛妳……」蛤？這是什麼？！眼前的男子吐出了三個字，簡直出乎意料。

　　牧師很滿意：「亞當看到夏娃的時候，只說了一句話『這是我骨中的骨、肉中的肉。』為什麼要娶她？因為你愛她，這就夠了！」

　　不懂花言巧語的理工男子，竟然在大考時答了正解，鐘聲響起，拿到幸福婚姻入場劵。

主持後記

　　這本書醞釀了三年，這段期間，我竟然生了一個兒子、一個女兒；如果作品也是孩子，那如今還真是名副其實的三寶媽了。三年來，生活、作息、心境、體重，都起了很大變化，但無論是單身、結婚，還是成為媽媽，對主持的熱愛卻未曾遞減。

　　很喜歡黃子佼說過的一段話：「主持人就像是主人，從頭到尾參與陪伴，哄著、陪著、帶領著，未必隨時可以幫上忙，但該做的我一定鞠躬盡粹。」我把每一場婚禮，都當作自己的婚禮一樣看待；身為「細節控」，早已習慣眼觀四面、耳聽八方，保持專注的同時觀察全場，還必須比新人和家長更多留心所有人的感受。

　　婚禮主持人有個微妙的定位：「明明麥克風在你的手上，卻最好不要讓人意識到你的存在。」除了帶動氣氛、推進流程、臨危不亂、化險為夷，重點仍是用客戶想要的方式，讓他們成為當天最閃耀的焦點。

　　只要賓客們記得這場婚禮很溫馨、很流暢，就是給主持人最好的回饋。跟很多工作一樣，主持人一定得非常盡力，才可以看起來毫不費力；我當然也希望能被賓客記

住、建立口碑，可是會讓人印象深刻，通常是發生了某個眾目睽睽下無法閃避的出包環節，而我火速拿起麥克風冷靜救場的結果。婚禮上若沒有始料未及的意外，可以順利禮成仍是主人家和我最開心的事。

婚禮主持是一件幸福的工作！沉浸在喜悅和祝福的氣氛中，現場很少有人扳著臉像討債的；與臺下互動、玩遊戲，賓客多數都願意開心配合；大家知道不需要比新郎新娘更盛裝打扮，但英俊美麗出席依然是常態。一場歷時超過三個小時的同樂會，抬起頭，彷彿丘比特也熱情地飛來飛去。

這年頭，只在戶政事務所登記結婚的復古風潮，又開始流行起來——省錢、省時、省心。何況，婚禮宴客和登記結婚常常不是同一天，到底往後該慶祝哪個紀念日？也屬一種甜蜜困擾。有人覺得宴客等同在親友面前宣告，還會拍很多照片留存，理應更重要；但也有人認為具有法律效力的日期，才算開始。

「妳覺得我要辦婚禮嗎？」我這位靠婚禮糊口的主持人，竟然經常成為朋友們諮詢的對象。結婚若真只是兩個人的事，那就簡單太多了，偏偏要考量的還有雙方家庭。辦或不辦？要五星級飯店還是流水席？很難像擲銅板決定一樣阿莎力。

不過，婚禮只有一天，婚姻才是一輩子。就算婚禮以高規格舉辦、找明星站臺、配合最炫聲光效果、展現富麗堂皇的氣派……也不等於王子和公主從此就能過著沒有爭吵的童話日子；同理，哪怕婚禮了無新意、飯菜難吃，甚至現場出包連連，只要新郎新娘願意，還是能白頭偕老。如果將籌辦婚禮的用心，發揮在經營婚姻上，會是更划算的投資。

一場喜宴的成功與否，變因實在太多，包括：地點、形式、菜色、音樂、設備、賓客、主持人……但婚姻，只要能努力建立起無堅不摧的雙人組合，就可以抵擋所有風雨。婚禮失敗，還能藉著各種名目（北中南、海內外）再補辦幾場；婚姻失敗，要再結一次又一次，成本相對高出許多。（對了！老主顧、回頭客，找我主持婚禮，一律五折優惠噢！:P）

謝謝你翻開這本書，你也許看得很快，但每字每句都是我慢慢打磨的心血；謝謝讓我寫成故事的主角們，結婚或者單身都好，重要的是喜樂地走每一步；謝謝偉豪、允凡、玉蘭牧師、穗珠老師、白象文化出版社，謝謝耶穌。

謝謝我先生志鋼、兒子大福、女兒愛、天上的美咪、地上的帥爸，全心支持我主持和寫作，我愛你們。

我是主持人令潔，祝福大家都幸福！

國家圖書館出版品預行編目資料

婚禮現場：主持人為什麼不早說？／曾令潔
著. --初版.--臺中市：白象文化事業有限公司，
2023.11
　　　面；　公分
ISBN 978-626-364-127-3（平裝）
1.CST: 婚禮 2.CST: 說話藝術
538.44　　　　　　　　　112014884

婚禮現場：主持人為什麼不早說？

作　　　者　曾令潔
校　　　對　曾令潔
內頁插畫　曾令潔
發 行 人　張輝潭
出版發行　白象文化事業有限公司
　　　　　412台中市大里區科技路1號8樓之2（台中軟體園區）
　　　　　出版專線：（04）2496-5995　　傳眞：（04）2496-9901
　　　　　401台中市東區和平街228巷44號（經銷部）
　　　　　購書專線：（04）2220-8589　　傳眞：（04）2220-8505
專案主編　黃麗穎
出版編印　林榮威、陳逸儒、黃麗穎、水邊、陳婷婷、李婕、林金郎
設計創意　張禮南、何佳諠
經紀企劃　張輝潭、徐錦淳、林尉儒、張馨方
經銷推廣　李莉吟、莊博亞、劉育姍、林政泓
行銷宣傳　黃姿虹、沈若瑜
營運管理　曾千熏、羅禎琳
印　　　刷　基盛印刷工場
初版一刷　2023年11月
定　　　價　300元

白象文化　印書小舖　出版‧經銷‧宣傳‧設計
www.ElephantWhite.com.tw　f 自費出版的領導者　購書 白象文化生活館